彼得·彼得森传

黄伟芳◎著　　　陈润◎主编

团结出版社

图书在版编目（CIP）数据

彼得·彼得森传 / 黄伟芳著 . -- 北京 : 团结出版社 , 2021.7
ISBN 978-7-5126-8695-3

Ⅰ . ①彼… Ⅱ . ①黄… Ⅲ . ①彼得·彼得森—传记
Ⅳ . ① K837.125.34

中国版本图书馆 CIP 数据核字 (2021) 第 051780 号

彼得·彼得森传

黄伟芳　著

出　　　版：团结出版社
　　　　　　（北京市东城区东皇城根南街84号　邮编：100006）
责任编辑：郑 纪
电　　　话：（010）65228880
发　　　行：（010）51393396
网　　　址：http://www.tjpress.com
E－mail：65244790@163.com
经　　　销：全国新华书店
印　　　刷：三河市华东印刷有限公司

开　　本：880mm×1230mm　1/32
印　　张：8.5
字　　数：210千字
版　　次：2021年7月第1版
印　　次：2021年7月第1次印刷

书　　号：978-7-5126-8695-3
定　　价：59.00元

放眼全球，从优秀走向卓越

自 1978 年改革开放 40 多年来，中国充分利用全球化浪潮、国际产业转移的战略机遇，结合自身的人口红利、资源禀赋、制度创新等优势，形成全球独具竞争力的强大工业体系与巨大消费市场。与此同时，中国企业家不断学习、提升管理能力，从松下幸之助、杰克·韦尔奇到史蒂夫·乔布斯，在一波又一波学习全球著名企业家热潮中，实现了从跟随者、挑战者到引领者的跨越。

从优秀走向卓越的企业家，通常具备三大共同的优点：第一，持续学习，不断在对标中建立新的坐标，完成认知跃迁。第二，开放包容，主动吸收一切文明成果、先进技术，扬长避短。第三，敢于创新，从模仿、消化、吸收到自主创新，在准确把握市场需求的过程中拥抱变化。当今世界正经历着百年未有之大变局，外部政治、经济等市场环境都发生了深刻复杂的变化，我们更需要了解、研究全球著名企业发展的新故事、新思想、新趋势，而阅读传记就是很重要的学习方法之一。

在过去的两年时间里，由我创办的润商文化联合团结出版社、曙光书阁一起，共同启动"中国著名企业家传记"丛书的调查研究和出版工程，聚集业内知名财经作家组建团队，花费大量时间进行专题研究和创作，陆续出版了任正非、马云、雷军、董明珠、李嘉诚、周鸿祎、彭蕾、段永平等十几部中国著名企业家传记，市场反响热烈。

由此发端，我们将视野放大至世界范围，在全球巨擘中筛选值得书写的企业家传记，立足当下，为企业家、创业者、管理者留下一些可供参考和研究的文字。我们首批推出《摩根传》《埃隆·马斯克传》《彼得·彼得森传》三部作品，以他们的故事激发中国企业家释放出创造力和领导力，带领企业走向新的繁荣。

当时代的脚步迈向21世纪第二个十年，中国企业家既迎来空前机遇，又面临新的挑战：企业转型升级、品牌价值重塑、精神文化复兴。成功的企业家不仅要满足客户、成就员工、回报股东，更应该实现自我，以管理智慧、商业思想、人生哲学塑造人格品牌和企业文化，形成超越行业、引领未来的时代影响力。

"立德、立功、立言"，此乃儒家追求，也是人生大道。在过去十年间，润商文化秉承"以史明道，以道润商"的使命，汇聚了一大批专家学者、财经作家、媒体精英，专注于企业案例研究与传播，为优秀企业立传塑魂。我们不仅为招商局、华润、戴尔（中国）、美的、用友、卓尔、光威等数十家著名企业策划出版过具有影响力的图书作品，将优秀作品版权输出海外，而且出版了近百部研究企业文化、企业思想、企业史的财经图书，堪称最了解中国本土企业管理和商业模式的知识服务机构之一。

一直以来，我们致力于实现文化工作者的梦想——为有思想的企业提升价值，为有价值的企业传播思想。作为中国商业观察者、记录者、传播者，我们将聚焦于更多中国标杆企业、行业龙头企业、区域领导品牌、高成长型创新公司等有价值的企业，不断推出更多优秀企业案例作品。我们推出"中国著名企业家传记丛书""全球著名企业家传记丛书"，正是出于对重塑中国商业文明的使命感、责任感。

通过两大系列传记丛书的调查研究和出版工程，我们希望为更多中国企业汲取前行的智慧和力量，为读者在喧嚣浮华的时代打开一扇窗：

在这个美好的时代，每个人都可以通过奋斗和努力，成为想成为的那个自己。

"全球著名企业家传记"丛书主编

2021 年 4 月 28 日

前　言

　　说起黑石集团，或许很多人对这个在金融危机中凸显出来的金融巨头并不陌生。一直以来，黑石集团被称为"PE 之王"（Private Equity，简称"PE"，也就是私募股权投资），在投资领域流传着这样的一句话：知道黑石不一定懂 PE，但不了解黑石肯定不懂 PE，足可见其在领域内的地位。过去三十年间，黑石集团已然成为一个庞大的金融帝国，而且几乎在每一个细分领域都"封王称霸"。

　　对黑石的缔造者彼得·彼得森而言，了解他的人或许少之又少。《财富》杂志如此评价："如果说史蒂夫·施瓦茨曼的成功是伴随着黑石集团的崛起，那么黑石集团只能算是彼得·彼得森人生经历中的一个片段；如果说史蒂夫·施瓦茨曼攀上了私人股权投资基金的顶峰，那么彼得·彼得森在很多方面却都是巨人。"

　　"巨人"彼得·彼得森的一生充满传奇：

　　他是麻省理工学院的辍学生，因抄袭被开除，却在西北大学找回了往日的自信。

　　他是最年轻的"广告狂人"，27 岁就成为全球著名 4A 广告公司麦肯公司的副总裁。

他是制造业的"菜鸟",34岁成为美国《财富》300强企业贝尔·豪威尔公司最年轻的总裁,并带领贝尔·豪威尔公司成功进入"成长型企业"之列。

他是华盛顿的"经济基辛格",44岁时受尼克松邀请出任总统国际经济事务助理,执掌新国际经济政策委员会,后转任美国商务部部长。

他是雷曼兄弟公司的"救星",危急时刻力挽狂澜,又用十年时间,成功使这家一度濒临破产的公司重返辉煌,并且连续五年创造了刷新历史最高纪录的收入与利润。

他是全球私募巨头黑石集团联合创始人兼名誉董事长,他与史蒂夫·施瓦茨曼以40万美元创建黑石,并将其发展为华尔街真正的"PE之王"。

他是非营利领域的长期领导者,曾担任外交关系委员会名誉主席、彼得森国际经济研究所的创始主席,以及协和联盟的主席,在公共事务方面做出了巨大的贡献。

他是慷慨的慈善家,2008年捐出10亿美元的个人财富成立彼得·彼得森慈善基金会——关注可能危及美国和美国家庭未来的重要挑战,只为"馈赠给后人"一个更加美好的社会。

从贫穷的希腊移民之子,到纵横商场的企业家,到投身政坛成为游刃有余的政治家,到在金融市场呼风唤雨的投资银行家,再到名副其实的亿万富翁,彼得·彼得森一生都在向上攀登,不断向前。

每一次转变,都是一次完善自我的契机,彼得·彼得森用他的人生故事告诉我们,想要成功,就要充分发挥自身的比较优势,通过不懈努力,把重点放在你比别人做得好的事情上,忠于自己的原则以及自己的内心和道德标准。

想要事业成功,又要家庭幸福,就需要在事业和个人生活之间找到平衡点。虽然彼得·彼得森的故事是不可复制的,但是他的经历和理念却能带给我们无限启示。希望阅读本书的读者们,可以从他的人生故事中有所感悟,挖掘属于自己的人生价值金矿。

目　录

附录

第一章

叛逆与挣扎：在文化夹缝中成长

如果用一个词来形容彼得·彼得森当时的心理状态，那就是"挣扎"：他既不认同父母所代表的希腊文化，又不被美国社会的主流文化所认同。于是，他只能在不知所措的犹豫和徘徊之间挣扎，在他乡与故乡、物质与精神之间挣扎，在两种文化的夹缝之间挣扎。

希腊移民之子

在美国中西部地区的内布拉斯加州，有一个名叫卡尼的小城。这座小城矗立在广阔的平原上，气候温暖湿润，水草丰美，景色宜人。就在这样一个鲜为人知却富饶而美丽的小城中，孕育了一个在商界和政界都叱咤风云的传奇人物——彼得·彼得森（Peter G.Peterson）。

彼得·彼得森出生于 1926 年 6 月 5 日，他并非含着金汤匙出生的富家子弟，而是出生在一个普普通通的希腊移民家庭中。

20 世纪 30 年代末，于历史而言这是一个非常尴尬的时间点，第一次世界大战的阴霾还未在人们的心头彻底消散，种族歧视的矛盾却日渐激化。在这样的时代背景下，彼得·彼得森像白纸一般纯净的心灵，不免被涂上了偏见和歧视的阴影。

那时，作为希腊移民之子，彼得·彼得森最大的梦想便是成为一个"地道的美国人"。在他儿时，他曾一度向周围的人隐瞒自己希腊籍的身份，但是，几经岁月变迁之后的他却常常回忆起自己的孩提时代以及双亲，追溯自己的家族移民史，企图从历史中认识自己的来路。

彼得·彼得森的父亲叫作乔治·彼得森（George Peterson），出生于希腊南部的一个名叫瓦利亚的小镇，他家在小镇上几乎是最穷的。因为经济拮据，他们一家的生活十分困窘，乔治·彼得森只能和六个兄弟一起，挤着睡在铺着草席的地板上，连翻个身都极其艰难。即使在寒冷的冬天，他也只能光着脚，因为在他们家，只有父母才可以穿用废旧轮胎做成的破旧的鞋子。

为了躲避饥饿和贫穷，寻找一条出路，当时的希腊人大批移民美国，带着对新世界的期许和对家乡的怀念开始了他们美国化与现代化的艰难之路，乔治·彼得森就是其中之一。1912 年，他乘坐轮船，冒着"九死一生"的危险，私渡到美国，投奔先他一步在美国找到工作的哥哥。为了能够在美国立足，他当过水果摊小贩，在肉类加工厂加工过牛蹄和牛角，在火车上洗过碗。这些脏活儿累活儿很少有人愿意干，但乔治·彼得森知道，自己别无选择。洗碗的工作使他学会了做菜，因为这项技能，他开始承担起下厨的职责，负责铁路工人的一日三餐。这是一份不错的工作，可惜不够稳定，因为内布拉斯加州的冬天非常冷，铁路工人们无法在这样的环境下继续作业，所以一到冬天，乔治·彼得森就失业了。

幸运的是，上帝在关上一扇门的时候，总会为你打开一扇窗。失业的乔治·彼得森很快就在一个马戏团找到了一份厨师工作，负责马戏团场工、高空杂技师和驯兽师的伙食。跟着这个马戏团，他走南闯北，去过很多地方。在这之后，因为各种各样的原因，他又换了好几份工作，但都是当厨师。由于他的雇主通常都会为他提供食宿，节俭的他也没什么大的花销，不知不觉中竟攒下了一大笔钱。在当厨师的过程中，他对饭店的运营也有了一些了解。于是，他开始发挥自己的聪明才智，走上了创业的道路。

乔治·彼得森颇有生意头脑，他先后在列克星敦市、内布拉斯加州和艾奥瓦州购买餐厅，然后迅速卖出，以此赚取转让费。1923 年，他决定在卡尼市定居。他在靠近火车站的市中心买下了一块空地，开了一家叫作"中央咖啡厅"的小餐厅。

这家餐厅虽然规模不大，但在乔治·彼得森的经营下，生意很不错。彼得·彼得森在其自传《黑石的选择》中，曾给出了一个很高的评价："咖啡厅的霓虹标志不仅是穿梭于卡尼市的旅客们的灯塔，也是市民们的灯塔。"[1]

此时的乔治·彼得森已经是一个二十多岁的年轻人了，他开始考虑成家，他想为自己找一个贤惠的妻子。然而，作为一个并不富裕的希腊移民，要想在美国找到一个合适的妻子，并非易事。幸运的是，内布拉斯加州的希腊人虽然不多，彼此之间的联系却很紧密，有好心的朋友为他介绍了一位名叫维妮夏·帕帕帕梧罗（Venetia Papapavlou）的姑娘。

维妮夏·帕帕帕梧罗是一个天真热情的姑娘，与乔治·彼得森一样，她也是历尽千辛万苦才从希腊私渡到美国的。在船上，她熬了整整19天，亲眼看见许多乘客在疾病的折磨下死去。这地狱一般的经历，给维妮夏·帕帕帕梧罗留下了毕生的阴影。

或许是因这共同的经历，也或许是因乔治·彼得森在诸多相亲者中还算出众，在经历了短暂的相处后，两个年轻人便彼此吸引，仅仅40天后，他们就决定步入婚姻殿堂。

婚后，乔治·彼得森和妻子共同经营着自己的小餐厅。1926年，他们生下了一个活泼可爱的儿子，他就是——彼得·彼得森。

在彼得·彼得森最初的记忆里，母亲很慈爱。他曾回忆道：

> 她能事先知道我想要什么，这可把我宠坏了，也使我在以后的人生中遇到了一些麻烦。因为其他人，包括我的那些生意伙伴和女朋友，并不能和母亲一样料到我想要的是什么。母亲的溺爱也让我想到了一些妙语。当犹太同事们跟我讲一些有关他们母亲对他们使用权威的事情时，我会安静地听他们说完，然后我会说"希腊的母亲使犹太母亲看起来像犯了疏忽罪一样"。[2]

---

[1] 彼得·彼得森：《黑石的选择》，浙江人民出版社，2018年。

[2] 同上。

　　有这样一件事令彼得·彼得森印象非常深刻：有一次，他和母亲一起去看一场由艾尔·乔森主演的电影，片名为《歌唱愚人》（The Singing Fool）。这部电影讲述的是一个悲伤的故事：一位歌手的儿子生命垂危，生命的无情流逝让他伤心欲绝，于是他在儿子的病床前唱起了《可爱的孩子》（Sonny Boy）。歌声打动了在场的观众们，人们纷纷流下了伤心的泪水。但就在这悲伤的氛围中，彼得·彼得森却一下子跳了起来，大喊道："我就是那个可爱的孩子！"原本默默流泪的母亲看了看他，温柔地把他搂进了怀里。

　　母子之间的这段亲密时光，是彼得·彼得森一生中最宝贵的回忆。当时，生活虽然困苦，但在和谐的家庭氛围中，彼得·彼得森却未感受到多大的苦恼，在母亲的关怀和呵护下，他无忧无虑地成长着。可惜的是，这样幸福的日子并没有持续多久，一场突如其来的变故让彼得·彼得森的快乐生活戛然而止。

难以取悦的父母

年少时期的彼得·彼得森做的许多事情，都是为了取悦自己的父母：对于敏感又脆弱的母亲，他想尽各种办法希望能博她一笑，让她不再愁容满面；对于固执古板的父亲，他竭尽全力达到他严格甚至是苛刻的要求，向他证明自己。

1929 年，彼得·彼得森的母亲生下了一个女孩，并将这个叫作伊莱恩（Elaine）的女儿视若珍宝，全身心地爱她、照顾她。尽管妹妹的到来分走了母亲的关注和宠爱，但彼得·彼得森却并不在意，他也非常喜欢这个可爱的女孩。

然而，悲剧来得非常突然：1930 年 7 月 6 日，伊莱恩因为突发的义膜性喉炎不幸夭折。这一天，恰好是彼得·彼得森父母的结婚纪念日。伊莱恩的离世原本就已令人痛心，却偏偏又发生在结婚纪念日，更加重了彼得·彼得森父母的痛苦。

突如其来的变故，让母亲发生了巨大的变化，原本热情开朗的她仿佛变了一个人，每天以泪洗面，沉浸在悲伤中无法自拔。她对生活失去了兴趣，甚至不止一次地对丈夫说："我活着没有什么意义了，把我推进我宝贝儿伊莱恩的墓穴吧！"后来，彼得·彼得森曾经这样形容母亲当时的状态："在伊莱恩夭折后，母亲的人生就像那个内布拉斯加州的冬天那般凄凉。"

在人生的前三年，因为母亲给了他充足的爱，彼得·彼得森经常感到自己与众不同，感到温暖与安全，然而，妹妹的去世改变了这一切。

母亲不再竭尽所能地呵护他、关爱他，而是变得冷酷无情。彼得·彼得森怀念过去的温馨生活，为了让母亲恢复往日的快乐，他努力变得完美、变得令人喜爱。他希望通过这样的方式，让母亲的视线重新回到他身上，忘掉烦恼与悲伤。

然而，尽管他使出了浑身解数，最终却总是无奈地发现：这一切都是徒劳无用的。那一时期发生的一件事，让彼得·彼得森印象至深：

有一天，家里只有彼得·彼得森和母亲两个人。当时正值寒冬，家里很冷，为了让自己暖和一点，小小的他只能站在暖气风口上，试图抓住从地下室升上来的一点点热气。但是，为了省钱，他的父亲总把热量调得很低，尽管如此靠近暖气，他仍然冻得直打哆嗦。他用双手紧紧地抱着自己，双脚不停地跳动着，满心希望母亲能注意到他。但令他失望的是，尽管他跳个不停，母亲却一直一动不动地坐在桌子旁边，眼神空洞地看着前面，看上去毫无活力，就像一尊没有生命的雕像。

母亲陷入了自己的痛苦中无法自拔，即使彼得·彼得森不停地喊"妈妈""妈妈"，回应他的总是无尽的沉默。母亲的"冷漠"给幼年的彼得·彼得森的心理造成了巨大的伤害。后来，他曾说：

> 熟谙弗洛伊德学说的心理学家告诉我们，孩子与母亲在情感上的分离是非常痛苦的，因为孩子突然意识到他或她不再是世界的核心。当这种分离在很小的时候发生，而且是因为突然的悲剧或创伤而发生时，这种痛苦就会凸显得格外剧烈。的确，这正是我所感受到的。[1]

母亲虽然忽视他，但每天仍与他朝夕相处着，比起父亲的缺席，这已经好太多了。在彼得·彼得森的童年里，父亲的身影很少会出现。

---

[1] 彼得·彼得森：《黑石的选择》，浙江人民出版社，2018年。

在乔治·彼得森看来，养育孩子是女人的责任，因此，他从不照顾彼得·彼得森，甚至极少参与家庭生活。他是一个不折不扣的工作狂，每天早上六点出门到餐厅上班。出门前，没有拥抱，没有亲吻额头，也没有任何言语，有的只是他关门时发出的一声轰响。这巨大的声响常常将熟睡的彼得·彼得森惊醒。他在餐厅一忙就是十几个小时，直到深夜才会回到家中，而那时，孩子们早已进入梦乡。每周六晚上，彼得·彼得森一家都会在自家餐厅共进晚餐，这是他们与父亲难得的相聚时光。不过，即使在这样的日子里，父亲也会不停地起身，去招呼来餐厅就餐的客人。

他每天都在忙，全身心地投入到餐厅的经营中，在家里待的时间很少。即使在家里，他也更喜欢独处，很少会与妻儿说话。他既不会拥抱孩子，不会和孩子们开玩笑，也不会和孩子们坐在一起读书给他们听，更不会关心孩子们每天是怎么过的或者在学校里学到了什么，甚至连孩子们上几年级他都不太清楚。

但父亲对他并非毫无影响，他的严格常常让彼得·彼得森感到窒息。比如，父亲是一个极度节俭的人，他也用这一点来严格要求自己的家人。彼得·彼得森使用餐厅的洗手间时，总会小心翼翼，因为抬头就会看到父亲在手纸架上贴着的极其醒目的标语："明明一张能擦干，为什么还要用两张。"

1931年，彼得·彼得森在卡尼的爱默生小学开始了自己的读书生涯。为了取悦父母，他要求自己必须成为全校最乖、成绩最好的学生。他逼迫自己努力学习，最终如愿以偿——从爱默生小学再到朗费罗高中，彼得·彼得森一直都是最优秀的学生。他的各科成绩几乎都是 A，只有一门生物学得了 B，原因是他不会画书上提到的青蛙。

彼得·彼得森不仅在学习上表现非常优异，在才艺方面也极为出众。九年级时，他开始痴迷单簧管。他说服父亲给他买了飞歌公司生产的一个录音设备，它能把他吹的曲子都录进软塑料磁盘里，这样他就可以听自己的演奏，从而修正自己的错误。仅仅用了一年的时间，彼得·彼得森便能够十分轻松地演奏门德尔松小提琴协奏曲的第三和第四乐章。高中时，他成了学校乐团和管弦乐队的首席乐手，并被选为内布拉斯加州管弦乐培训班的首席单簧管手。

　　尽管他表现得如此出色，却仍难讨得父母的欢心。难以取悦的父母给年幼的彼得·彼得森留下了非常大的心结，在他的人生旅程中，这个心结一直伴随着他，让他对事业的完美追求过了头，浪费了很多时间和资源。

挣扎在两种文化之间

美国是一个移民国家，在这个国家里，无论是哪一代移民都会身处于不同文化与价值观的碰撞中。相比自己的父母，身为移民第二代的彼得·彼得森则要经历更多身份认同上的迷茫与挣扎。

彼得·彼得森想成为一个"地道的美国孩子"。然而，他的父母却一直难忘故土，并竭力将希腊文化传给他，希望通过这种方式守住他们的根。

彼得·彼得森上小学时，母亲每天都会让他穿着专门为上学准备的希腊传统服饰。当彼得·彼得森穿着母亲亲手制作的蓬松裙子、领子上装饰着花边的衬衫、灯笼裤以及黑色漆皮高帮鞋来到学校时，他心中的难堪可想而知。后来，他曾这样描述这段经历：

> 上小学一年级的第一天，其他同学都穿着背带裤、牛仔衫和休闲靴，我穿的却是方特勒罗伊小爵爷式的服装。同学们都盯着我看，起初很好奇，然后掩面而笑，而我则尴尬地红着脸。那天下午回家后，我向母亲抗议，她却坚持让我穿这些衣服上学。虽然这样的日子只持续了几年，但在那时，我却感觉每天都度日如年。[1]

---

[1]　彼得·彼得森：《黑石的选择》，浙江人民出版社，2018年。

这还不算最难堪的，到了复活节等节日，彼得·彼得森的日子会更加难过。在这些日子里，他必须按照母亲的要求，穿上希腊人在跳舞或者作为国王御林军时所穿的服装——宽大的底部像裙子一样散开的衬衫、马甲、紧身裤以及吊袜带。穿着这样的衣服，怎么可能融入美国的生活中？每当他这样出现在人们面前时，都会有人偷笑甚至嘲讽他。

不仅在穿着打扮上格格不入，彼得·彼得森的小名也让他尴尬不已。母亲给他取了一个乳名叫彼娣（Petie），这是一个非常可爱的名字，但它却给彼得·彼得森带来了羞辱。上初中的第一天，老师在点名时突然停了下来，问道："彼娣·彼得森，这是男孩还是女孩？"所有人都大笑起来，而彼得·彼得森当时只想找条地缝钻进去。放学后，彼得·彼得森坚持让母亲到学校去澄清他的名字叫"彼得"，可是母亲却完全不当回事，依然叫他"彼娣"。

不能举办自己的生日聚会，也让彼得·彼得森在学校显得有些特立独行。按照希腊文化，人们不能庆祝自己的生日，只能在命名日（Name Day），即每年的 6 月 29 日进行庆祝。根据教会日历，这是为纪念圣彼得所设的节日，但命名日是让成年人庆祝的，小孩仍不能庆祝。所以，彼得·彼得森只能眼巴巴地看着别人庆祝生日。

除此之外，还有一些饮食习惯也阻碍着彼得·彼得森融入美国文化中。远在希腊的亲友会定期给他的母亲寄来一种叫作"Tsai"的花草茶，每次收到这种茶，思念家乡的母亲便会如获至宝。她会小心翼翼地把它放在箱子里，并储藏在阴冷的地下室保鲜。"Tsai"分为两种，一种是母亲让彼得·彼得森早上喝的，她把它称为"健脑食品"，说喝了这种茶就会变得更聪明。还有一种是母亲晚上喝的，因为它能帮助她睡得更好。

有一天上课，老师问学生们早上都喝些什么，大部分学生说自己喝牛奶或阿华田（瑞士著名麦芽饮料），而彼得·彼得森的答案却与众不同，他说自己喝"Tsai"。老师好奇地问他"Tsai"是什么，彼得·彼得森解释道："Tsai 是一种非常有益的饮料，它很甜，还能让我变聪明。

我每天都会喝 Tsai，妈妈说我会聪明一整天。"

老师又问："你妈妈也喝吗？"

"不，她喝另外一种能助她入眠的 Tsai。"

老师马上警觉起来："你们是从哪里弄到的这种东西？"

彼得·彼得森的回答更加剧了老师的担忧："在我家的地下室里有一个箱子，里面装着很多 Tsai，我妈妈会从那里拿出一些 Tsai 放到罐子里。每天早上，她都会为我准备 Tsai，她自己会在晚上喝另外一种 Tsai，喝了之后她很快就能入睡。"

这诡异的行为让老师联想到了兴奋剂、鸦片等，于是他要求彼得·彼得森的妈妈到学校来一趟，这让彼得·彼得森感到格外屈辱。

自从上初中之后，母亲已经不再要求彼得·彼得森穿希腊传统服饰了，不过，希腊文化带给他的阴霾仍笼罩在心头，因为上初中意味着他要学习希腊语课程了。

每天上完正常的学校课程之后，彼得·彼得森还要和其他希腊移民后裔一起学习希腊语。授课的老师都是希腊东正教的牧师，他们来自外格兰德岛的一个东正教堂，那是距离卡尼最近的教堂。这些希腊语老师穿着黑色的长袍，拖着长长的胡须，授课时表情严肃，课堂上的气氛也无比沉闷。

每当彼得·彼得森吃力地学习奇形怪状的 24 个希腊字母，并努力理解它们所组成的单词时，他都会暗暗抱怨这些无趣的老师搅黄了希腊学生的课后生活："本来，我们可以踢足球、打篮球或玩弹珠。但现在我们什么也干不了了。他们的职责是教会我们母语的表达和写作能力。授课的第一步是对我们进行微妙的思想灌输：每次上课，老师做的第一件事就是把一小面蓝白相间的希腊国旗放到桌子上。"

上课时，教室外面时不时会有非希腊裔的同学经过走廊，当他们好奇地向教师里打量时，彼得·彼得森总觉得他们在说："真怪！"

尽管彼得·彼得森对学习希腊语非常抗拒，他的学习成绩却十分优异。学了一段时间后，他就能给远在希腊的亲友们写信，也能给母亲读他们的回信。

父母的希腊文化习俗就像漩涡一样，把彼得·彼得森紧紧地卷入其中，但他却只想逃离这个漩涡。如果用一个词来形容彼得·彼得森当时的心理状态，那就是"挣扎"：他既不认同父母所代表的希腊文化，又不被美国社会的主流文化所认同。于是，他只能在不知所措的犹豫和徘徊之间挣扎，在他乡与故乡、物质与精神之间挣扎，在两种文化的夹缝之间挣扎。

一触即发的冲突

所有人在成长过程中，都不可避免地要经历生活的磨炼与考验。对彼得·彼得森而言，在他的少年时代，这些磨炼与考验几乎都来源于他对自己种族文化身份的不认同。

彼得·彼得森的希腊语学得越来越好，后来他甚至能流利地背诵长篇希腊诗歌给母亲听，但是他对这门语言的抗拒却越来越深。他对希腊文化的弃绝，让他的母亲伤心不安，让他的父亲愤怒不已。

他的父母一直对非希腊的裔美国人敬而远之。在卡尼市，希腊移民有一个独立的圈子，他们只在这个圈子里活动，从来不会带着彼得·彼得森到非希腊人家里做客。即使是在经营中央咖啡厅的时候，父亲也很少与美国人打交道。他们只弹奏希腊音乐，和那时很多移民一样，他们担心当时在美国社会上流行的爵士乐、摇摆乐以及以一些让人想入非非的广告为代表的美国流行文化会把自己的孩子教坏，会摧毁他们的价值观，更担心他们会因此藐视长辈的习俗和规矩。

为了让彼得·彼得森保持对希腊传统文化的信仰，父亲总是会以严厉的方式管教他，还给他制定了很多规矩。如果彼得·彼得森不遵守这些规矩，父亲就会打他。当然，彼得·彼得森也拥有一些"自由"，比如，在打他之前，父亲会问他选手心还是手背。父亲这种暴力的管教方式让彼得·彼得森非常不满，但早已习惯了取悦父母的他最终还是选择了默默忍受。

随着彼得·彼得森进入青春期，他与父母之间的关系更加紧张，冲突一触即发。

歌德曾说："少年男子哪个不善钟情？妙龄少女谁个不善怀春？"青春期的彼得·彼得森同样会对异性产生兴趣，他开始渴望与女孩交往。然而，在卡尼这座小城，没有与他年龄相仿的希腊女孩，因此，他只能与非希腊裔女孩交往。

这样的事情令他的父母难以接受，在他们看来，与非希腊裔的女孩交往就等于背叛自己的文化。每当他们察觉到彼得·彼得森对美国女孩表现出兴趣时，就会毫不留情地指出她们的缺点。在他的父母眼里，美国女孩如同洪水猛兽一般，必须要远离。

不过，尽管他的父母极度反对，却无法阻止彼得·彼得森对爱情的向往。上高中时，彼得·彼得森交了一个女朋友，叫作琼·克里斯特曼（Jean Christman）。彼得·彼得森和琼·克里斯特曼一直瞒着父母悄悄交往，他难以想象，当父母得知此事后，会怎样大发雷霆。不过，当他想带女朋友去参加高中舞会时，他必须坦白交代了。

上高三时，彼得·彼得森和他的同学们计划举办一场交际舞会。然而，要说服刻板固执的父母们却并非易事。最后，筹划这场舞会、争取家长们支持的重担落到了彼得·彼得森的肩上。

他费尽心思地筹划这个舞会，却刻意对父母隐瞒了这件事，因为他知道，他的父母是肯定不会同意他们举办这样一场离经叛道的舞会的。

果然如彼得·彼得森所料，当他把舞会提议交由家长们投票决定时，有五名家长投了反对票，他的父亲就是其中之一。不过，尽管如此，舞会还是照常举行了，一名女教师负责监督孩子们。

为了与琼·克里斯特曼一起在舞会上跳舞，彼得·彼得森向父母公开了他们的恋情。令他意外的是，父母的反应竟然没有那么激烈。他的父母对琼·克里斯特曼并不陌生，因为她的父亲是卡尼市唯一一家面包店的老板，经常光顾中央咖啡厅，是这里的老顾客。或许正是因为这层关系，他们才没有像以前一样肆意地"批判"她。

就这样，彼得·彼得森顺利地与琼·克里斯特曼一起参加了舞会，这是他少年时代难得的美好记忆。

高三时发生的另一件事，同样让彼得·彼得森记忆犹新，甚至影响到他的人生选择。这一年，有一大批人来到卡尼市郊区建设新的空军基地，这些人经常会到中央咖啡厅吃饭，在父亲餐厅里帮忙的彼得·彼得森因此结识了一位工头，他的职责是监督基地的机场跑道施工。有一天，彼得·彼得森鼓起勇气，问他是否能为自己提供一份工作。

那位工头想都没想，就给了彼得·彼得森一份美差——在周六看管建筑工人施工后留下的一堆杂物。这份工作很轻松，彼得·彼得森只要坐在旁边，看着垃圾堆，保证没有人将它们偷走就行。如果天冷，他还可以坐在火堆旁取暖。那天，彼得·彼得森认真地完成了自己的工作，他因此得到了 18 美元的报酬。

看着自己手中的那张 18 美元的支票，再加上与这些工人的交流，这一切的一切，让懵懂的彼得·彼得森第一次意识到，卡尼市的生活是如此落后，外面的世界有着他无法想象的无限可能性。也是在这时他萌生了离开的想法，他想离开家乡，离开父母，到外面去闯荡、去探索，他想使自己的人生有更多的选择。

第二章

独立的开端：走向更广阔的世界

　　西北大学是一所以严谨著称的大学，与麻省理工学院的自由风格截然不同。彼得·彼得森很快就融入了西北大学，与麻省理工学院兄弟会的放纵无度相比，他更喜欢西北大学健康有益的社交生活。

进入麻省理工学院

几百年来的"美国梦"一直激励着世界各地无数怀揣梦想的年轻人，或移民或求学，他们放弃故土，历经千辛万苦，只为来到这片土地追寻那个谁也不知道到底是什么的"美国梦"。彼得·彼得森也有一个"美国梦"，在他的自传《黑石的选择》中，他曾这样描述自己一路向前的动力：

> "美国梦"并不只属于美国。它是一种机会，一种通过自我激发、不受人为限制的进取心和才能来塑造生活的机会——一种长江后浪推前浪的机会。[1]

当彼得·彼得森意识到自己的人生不必局限于小小的卡尼市，可以有更多选择后，他便一直盼望着能够迈出远行的步伐，希望改变自己的生活。

机会终于到来了。1943年春天，彼得·彼得森以年级第一名的优异成绩毕业于朗费罗高级中学。为了远走高飞，他决定申请麻省理工学院。

麻省理工学院是1861年由著名自然科学家威廉·巴顿·罗杰斯

---

[1] 彼得·彼得森：《黑石的选择》，浙江人民出版社，2018年。

（William Barton Rogers）创立的，他希望创建一个自由的学院来迎合快速发展的美国。经过多年的发展，麻省理工学院已经成为世界顶尖大学。不过，彼得·彼得森的父母对这所有名的大学却不甚了解。为此，父亲还特意咨询了他的一位朋友——赫伯特·库欣（Herbert Cushing）博士。

这位叫作赫伯特·库欣的博士是内布拉斯加州州立师范学院卡尼分校的校长，也是中央咖啡厅的老顾客。他告诉乔治·彼得森，麻省理工学院是最好的选择。不过，他认为彼得·彼得森很可能考不上这所大学。因为当时第二次世界大战还没有结束，麻省理工学院为了满足国防科技的研发需要，在军事研究上投入了极大的精力，相应的，用于教学的资源就很少了，所以它决定只招收一小部分大学新生。

库欣博士的话让乔治·彼得森担忧不已，却没有吓到彼得·彼得森。只有持之以恒的努力才能实现目标这个道理，彼得·彼得森很早就已经领悟到，他曾说：

> 我可以用不懈的勤奋达到想要的目标。我能比几乎任何人都做得更多、学得更勤奋，如果只有这么努力才能成功的话，我会那样做的。[1]

为了能考上麻省理工学院，在 1943 年这一年，彼得·彼得森一直沉迷于书海，为了补足自己的短板，他还在内布拉斯加州州立师范学院学了半年的物理和数学。

天道酬勤，1943 年年底，彼得·彼得森如愿以偿地收到了麻省理工学院的录取通知书。那一刻，彼得·彼得森的心中一下子如释重负，他感受到了一种彻底的自由：

---

[1] 彼得·彼得森：《黑石的选择》，浙江人民出版社，2018 年。

　　我终于自由了，不用再遵从希腊习俗，不用再面对母亲的悲伤，不用再忍受严厉而又专横的父亲。现在，我可以做我想做的了，那就是做一个完完全全的美国人。[1]

　　彼得·彼得森怀着雀跃的心情等待着上学的日子。原本就令人难以忍受的寒冬，变得更加煎熬难耐。在经过漫长的等待之后，1944 年的春天终于到来了，出发去麻省理工学院的日子也终于到来了。

　　麻省理工学院位于马萨诸塞州的波士顿，与卡尼市相距约有 2789 公里。这意味着，彼得·彼得森要乘坐两天的火车才能到达那里。坐火车走的那天，彼得·彼得森的父母送他去火车站，他的心情非常复杂。后来，在他的自传中，他曾这样描述："我的心中既期待又害怕。母亲焦急地拿掉我外衣上根本不存在的绒毛，父亲则将一团 200 美元的旧钞塞入我的手中，让我把钱放入钱包。200 美元中，有些是我自己用储蓄罐存下的，有些则是他给的，那是罕见的礼物。"

　　父亲说："这些钱要慢慢花。"这符合他一贯的节俭风格。不过，令彼得·彼得森惊讶的是，父亲竟然为他买了一张卧铺车票。

　　随着鸣笛声轰然响起，火车缓缓向前开动了。彼得·彼得森向窗外看去，那里有他忧郁的母亲和沉默的父亲，他的心中突然涌起了一股难以言喻的悲伤。

　　很快，火车就将灯火阑珊的卡尼市远远地甩在了后面。这时，不安渐渐取代了离别的伤感。从出生到现在，彼得·彼得森一直生活在卡尼这座小城，过着封闭的生活，这是他第一次出远门，并且还是孤身一人，无人可依靠。他知道自己在卡尼能成为竞争的优胜者，但是到了繁华的波士顿，到了高手如云的麻省理工学院，又会怎样呢？那天晚上，彼得·彼得森辗转反侧，难以入眠，直到凌晨，才在火车轰隆轰隆的

---

［1］彼得·彼得森：《黑石的选择》，浙江人民出版社，2018 年。

闷响声中沉沉睡去。

第二天一大早，彼得·彼得森就醒了过来，他先检查了一遍自己的随身物品，发现东西都在。他又拍了拍自己的口袋，冷汗一下子就从他的脑门冒了出来：钱包不在了！他在身上找了一遍又一遍，却怎么也找不到钱包的踪影。

彼得·彼得森呆呆地坐在自己的床铺上，脑子里一直盘旋着父亲对他说的那句"这钱要慢慢花"。可如今，他的旅程才刚刚开始，钱就已经不翼而飞了，接下来的几个月，他该怎么办？

愣了一会儿后，彼得·彼得森想：不能坐以待毙，必须要想想办法。他跑到车厢尽头，想找乘务员或者其他的什么人帮忙，但他只看到一个搬运工。他吞吞吐吐地向那位搬运工说明了自己的情况，搬运工对他笑了笑，一边友善地安慰他，一边跟着他来到了他的床位，帮他搜寻钱包。

很快，搬运工就转过身来，一边高兴地冲着彼得·彼得森笑，一边把钱包递给他。原来，在彼得·彼得森睡觉时，钱包从口袋里滑落出来，掉进了床垫和墙之间的缝隙里。彼得·彼得森拿着失而复得的钱包，激动不已，连连对搬运工表示感谢，并在心中盘算应该给这位好心人多少小费。以前彼得·彼得森在父亲的中央咖啡厅当服务员的时候，收到的最大一笔小费是 10 美分；在高尔夫球场整理草坪时，他得到的小费也是 10 美分；这样权衡后，他想，给这位搬运工 20 美分应该够了。于是，他打开钱包，从里面小心翼翼地拿出两个 10 美分硬币放到那位搬运工手里。

谁知道，那位搬运工把两个硬币放回了他的手心，对他说："孩子，这钱你留着，我知道你比我更需要这些钱。"

来自陌生人的善意让彼得·彼得森的心头暖洋洋的，他抽了抽鼻子，竭力不让眼泪流出来。

火车到达芝加哥后，舒适的日子结束了，父亲让他在芝加哥换到硬座车厢。与卧铺车厢相比，硬座车厢的条件实在是太差了，到处都挤满了乘客和旅行袋，彼得·彼得森几乎找不到立足之地。经过一番艰难的寻找后，他终于在车厢尽头找到了一丝空隙挤了进去。车厢里的烟味和嘈杂的声音令他感到很不适，可也没办法，他只好告诉自己必须忍耐。

但是彼得·彼得森的身体却不愿意继续忍耐下去了，没过多久，他的喉咙就开始肿痛，就连吞咽口水都感到像针扎一般疼痛。彼得·彼得森以为这是烟味导致的，于是就想方设法挪到了窗户旁边，大口呼吸新鲜空气。但嗓子的疼痛并没有因此而缓解，反而更加恶化了。紧接着，他又发起烧来，在高温的折磨下头昏脑涨的他几乎要晕倒在火车上。

苦苦支撑了几个小时后，彼得·彼得森终于到达了自己的目的地——波士顿。他趔趔趄趄、左摇右晃地走下火车，两天前那个满怀憧憬的小伙子，经过火车上的一番痛苦折磨，已经是两眼无神、意气全无了。

所幸的是，站台上有麻省理工学院的高年级学生来接站。来接他的是西塔西兄弟会的一位叫作克里斯（Chris）的学长，他见到彼得·彼得森后，第一句话就是："我们必须去医院。"

就这样，还没来得及投入自己的新生活，彼得·彼得森就被送到了医院，接受紧急扁桃体切除手术。彼得·彼得森怎么也没想到，来到麻省理工学院的第一天竟然是如此度过的。这段惨痛的经历，恰好为未来他在麻省理工学院的艰难日子埋下了伏笔。

兄弟会的特殊经历

在美国大学里，除了社团外，还有一种非常独特的学生组织——兄弟会。兄弟会是一个团结紧密的小圈子，因为兄弟会的会员资格是终身的，所以每一个新人入会都将会和所有要人成为"兄弟"。很多人觉得一旦成为兄弟会的一员，就能获得受益一生的人脉资源。在福布斯杂志评出的美国500强企业中，有1/4的高管在大学时都是兄弟会的成员，超过120家企业的CEO是某兄弟会的成员。花旗集团、AIG、摩根大通、高盛、通用汽车等众多知名企业的现任或前任CEO都加入了兄弟会。Facebook的创始人扎克伯格和股神沃伦·巴菲特也都是兄弟会的成员。据统计，从兄弟会组织里还走出了48%的美国总统、42%的参议员、30%的众议员和40%的美国最高法院法官。

在入学之前，彼得·彼得森也受邀加入兄弟会，来接站的克里斯正是西塔西兄弟会的一员。在他的帮助下，彼得·彼得森顺利做完了扁桃体切除手术，并且找到了一个临时的住所。

不过，虽然克里斯非常好心，但他却未能说服他的兄弟会伙伴们接纳彼得·彼得森。加入西塔西兄弟会需要有显赫的背景或出众的能力，像彼得·彼得森这样来自内布拉斯加的"乡下人"自然被拒之门外。

这时，一个叫作"菲谬三角洲"的兄弟会向彼得·彼得森抛出了橄榄枝。

每个兄弟会都有自己独特的文化，也都有一个共同点，那就是一个新人要想成为正式会员，必须符合苛刻的入会标准，必须通过组织的一系列考验。这些考验带有大学年轻人特有的幼稚和鲁莽，如在碎玻璃上做俯卧撑、举着砖头背课文等。每个人的入会考验都不相同，大多是老会员们即兴想出来的。只有通过各种严苛而残酷的考验之后，新人才能赢得老会员的信任，与他们建立非常紧密的兄弟关系。

彼得·彼得森在刚加入兄弟会时，也曾经历过一段屈辱的日子。兄弟会的成员们给他的考验总是层出不穷，比如，让他去偷波士顿喜来登酒店服务台的电话机，并且要在一小时内把它带回兄弟会会堂。

对这样的考验，彼得·彼得森当然非常抗拒，但是如果他不去做或者做不到的话，就要接受 25 次的"摆好姿势"惩罚。"摆好姿势"惩罚是菲谬三角洲兄弟会的一种惩罚方式，如果新入会的会员没有完成任务或者不听指令，老会员就会命令他"摆好姿势"——脱掉裤子，弯下腰，然后用打了洞的戒尺责打他。受到惩罚的人不但要经受肉体上的疼痛，还要遭受老会员的辱骂，忍受精神的折磨。

为了避免遭受这样的惩罚，彼得·彼得森只能选择接受考验。为了让这个任务变得更加有趣，兄弟会的兄弟们不让他带一分钱，彼得·彼得森只能步行来到波士顿喜来登酒店。

在酒店门口，彼得·彼得森犹豫了很久，最终，对严酷惩罚的畏惧还是驱使他来到了酒店的服务台。怀着忐忑的心情，他与服务台的服务员攀谈了起来。他撒了一个谎，说他的大家庭要来波士顿探望他，他想知道酒店有哪些房间可以选择。服务员耐心地为他介绍酒店的房型，彼得·彼得森假装认真地倾听着。接着，他又让服务员帮他去做很多事情，比如到酒店房间里查看挂画是什么样子的。趁着服务员离开的机会，彼得·彼得森赶紧拿出事先准备好的锉刀，在电话线上锉。而他的几个兄弟会伙伴们就坐在大堂的椅子上，嬉笑着看他锉电话线。

经过好几次折腾，彼得·彼得森终于把电话线锉断，他抱起电话机，疯狂地跑出了酒店，他的伙伴们也跟着跑了出来，一边跑一边哈哈大笑。

回到学校后，彼得·彼得森有些愧疚，他不知道那个好心的服务员该怎么向他的老板解释电话机是如何丢失的。他一度想把电话机还回去，却被兄弟会的伙伴们阻止了，因为那样无异于飞蛾扑火。

兄弟会的考验接连不断，还有一次，他们明知道彼得·彼得森不抽烟，而且讨厌烟味，还把他反锁到一个储藏室里，逼迫他把一根雪茄抽完。在狭窄逼仄的储藏室里，彼得·彼得森感觉度过了一生最漫长的几个小时。后来，门终于开了，他冲了出来，双眼发红，气喘吁吁，还一直咳嗽。这次恶作剧给彼得·彼得森的心里留下了很深的阴影，使他一生都极其厌恶雪茄和香烟。

不过，兄弟会也并非一无是处，兄弟会伙伴们对他的考验，在短期来看是令人痛苦的，但从长远来说，又是非常实用的，它提升了彼得·彼得森的忍耐力，磨炼了他的意志，让他变成了一个更加坚强的人。不仅如此，兄弟会成员的身份也让彼得·彼得森获得了结识不同背景和地位的人的机会，这些人脉从他的大学时代一直延续到职场。

通过兄弟会，新世界向彼得·彼得森展示出了狂野而放荡的一面。在这里，他过着与少年时代完全不同的生活，他不再受到父亲的控制与家乡的拘束。如他所向往的那样，他真的过上了完全自由的生活。有时候他会想，父亲会怎么看待这些与希腊传统不一致、与卡尼生活方式完全相悖的生活？

1944年6月5日，彼得·彼得森迎来了自己的18岁生日。也是在这段时间，他通过了菲谬三角洲兄弟会对他的考验，被接纳为这个组织的正式成员。在那之后，兄弟会的伙伴们对他的考验少了很多，他有更多的时间投入到学习中，他开始见识到麻省理工学院的光辉和学生们的机智。

这一时期发生的一件事，给彼得·彼得森带来了极大的震撼。一天，他们在上微积分课，老师正往黑板上写一个极其复杂的方程式。这时，一个个子矮胖、胡子拉碴的男人走进了教室，他旁若无人地走到黑板前，拿起黑板擦擦掉了老师刚刚写下的方程式，然后嘴里念念有词，自顾自地写下了一堆数字和符号。写完后，他就走出了教室。后来，彼得·彼得森才知道，这个男人就是著名的数学家诺伯特·维纳（Norbert

Wiener）。那时，他正在全身心地投入到能用来发明防空炮的方程式的研究之中，这种防空炮在战争中大大增强了美国舰艇的自卫能力，后来他还带领科研队开辟了控制论领域。

在来到麻省理工学院之前，彼得·彼得森曾经担心自己是否能与这里的学生们竞争。经过一段时间的适应之后，他惊喜地发现，虽然他的同学们大多来自著名的私立中学，如安多福中学、埃克塞特中学、圣保罗中学和乔特中学等，但他没有在与同学的学业竞争中被淘汰。

不过，有一门课，他却格外糟糕。这是一门叫作画法几何的课，授课教授让学生在脑海中想象一个物体从不同角度看时分别是什么样的，然后把想到的东西画下来。彼得·彼得森在这门课上表现得格外糟糕，甚至教授还让彼得·彼得森到办公室去，解释一下他的成绩为什么这么差——他教这门课 27 年，彼得·彼得森的作业是最差的。教授也不理解，彼得·彼得森为什么会选工程学作为自己的主修课程，因为他在这方面完全不具备"天赋"。

教授的责问让彼得·彼得森无言以对，更让他感到迷茫不已，他开始怀疑自己是否适合这个专业。

在后来的自传中，彼得·彼得森这样描述："就读麻省理工学院是一个复杂的选择，从某些方面来说，还是一个糟糕的选择。"[1] 处在压抑情绪下的彼得森开始消极应对学校的课程。

学业的失败让彼得·彼得森意识到，在人生的这所学校中，挫折是不可避免的必修课。但他没有想到的是，不久后还有更大的挫折在等待着他。

---

[1] 彼得·彼得森：《黑石的选择》，浙江人民出版社，2018 年。

因抄袭被开除

吉恩·蒲柏（Gene Pope）是麻省理工学院带给彼得·彼得森的重要财富。

在麻省理工学院就读期间，彼得·彼得森结识了吉恩·蒲柏。和他一样，吉恩·蒲柏也是移民的后裔，他的父母都是意大利人。不过，与彼得·彼得森不同的是，吉恩·蒲柏家境显赫，他的父亲是意大利移民中的第一个百万富翁，不仅在商界很有影响力，在政界也颇有名望，出入他家的都是州长、市长和州务卿等名流。

吉恩·蒲柏曾邀请彼得·彼得森到他家里做客，在蒲柏家的晚宴上，彼得·彼得森第一次见识了财富和权力。或许正是从那时起，一颗种子在他的心中埋下，等待着合适的时机生根、发芽。

彼得·彼得森与吉恩·蒲柏建立了深厚的友谊，在麻省理工学院的时候，他们总是形影不离，而在以后的人生里，每当事业上需要合作时，他们也会完全信任对方，竭尽所能帮助对方。

吉恩·蒲柏在纽约有一位朋友，叫作罗伊·科恩（Roy Cohn）。他后来被认为是唐纳德·特朗普（Donald Trump）的导师，他的所作所为深刻影响了美国政坛潜规则。不过在当时，罗伊·科恩只是哥伦比亚大学的一名本科生，但他出众的才能却吸引了很多人的关注。有一次，他写了一篇精辟独到的学期论文，得意地与吉恩·蒲柏和彼得·彼得森分享。

当时，彼得·彼得森与吉恩·蒲柏也面临着学期论文的考验。为了交差，他们抄袭了罗伊·科恩的论文。吉恩·蒲柏几乎一字不改，彼得·彼得森没有这么大胆，他对罗伊·科恩的论文进行了修改，然后作为自己的论文上交。论文的题目是"casus belli"，这是一个德语单词，可以粗略地翻译为"宣战的理由"，论述的是各国在发动战争时可能会找的正当理由，也包括他们是怎么找这些理由的。

当时的彼得·彼得森并不认为自己这么做是违规的。事实上，这样的做法在那个年代的麻省理工学院非常流行。在菲谬三角洲兄弟会，甚至还有一个档案柜，里面都是学期论文，兄弟会的伙伴们经常会一字不漏地拷贝一篇，然后交上去。学校对此也是睁一只眼闭一只眼，毕竟，在战争年代，为赢得战争进行军事研究是最重要的事情。

吉恩·蒲柏幸运地过关了，但彼得·彼得森的运气却没有那么好。授课教授在批阅论文时发现了他的论文存在问题，于是上报到了学院，不久之后，彼得·彼得森就被叫到了院长办公室。

彼得·彼得森对此并不知情，当他走进院长办公室，看到院长举着他的论文，而教授则表情严肃地站在一旁时，他才恍然大悟。他本以为，最坏的结果就是这门课不及格，但事态的发展出乎他的意料：为了刹住这种愈演愈烈的抄袭之风，学院决定加重惩处，将彼得·彼得森开除。

当时正值秋天，彼得·彼得森却感受到了一种彻骨的寒冷。他想起了自己的父母，他们一向以诚实为人生第一准则，他那古板正直的父亲，每次在卡尼的埃尔克斯俱乐部玩扑克时总是输家，因为他摆不出一副扑克脸。

该如何向他们解释自己被开除呢？想到这一点，彼得·彼得森羞愧至极，父母夜以继日地在中央咖啡厅工作，省吃俭用为他提供好的教育，而他回报他们的却是因作弊被开除！

尽管如此，彼得·彼得森并没有因为被开除而绝望，他仍在尽力寻找转圜之机。在他的努力之下，学院领导终于给了他一丝希望——如果他能找到一份工作，并借此重新恢复自己的声誉，学校还是可以给他恢复学籍的。

彼得·彼得森决定先不把真相告诉父母，他只告诉他们，他在麻省理工学院辐射实验室的采购部申请了一个职位。彼得·彼得森的工作申请很快就被批准了，这样一来，他就能继续待在菲谬三角洲兄弟会的会堂，也能继续积极地社交。不同的是，他不再上课，而是出差为实验室采购部件。

彼得·彼得森很快就适应了他的新工作，并且表现出了出众的才能。虽然他年纪小，但却总能想办法挤上已经卖光了票的航班。他负责采购的是战争中不易买到的管道和衬垫，对于这些部件，实验室总是要得很急，彼得·彼得森也不辱使命，每次他都能以最快的速度买到这些部件，然后再用船运的方式将其运回麻省理工学院。

当时的彼得·彼得森并不知道麻省理工学院辐射实验室所进行的实验对于正在进行的第二次世界大战将会起到多么巨大的作用。当时，盟军在欧洲战场已经占据上风，胜利在握，然而在太平洋战场上，日本人却仍在做殊死挣扎。为了尽快结束这场战争，美国加紧步伐，想赶在敌人之前研制出超级武器——原子弹。为此，美国政府制定了"曼哈顿计划"，而麻省理工学院辐射实验室的实验就是其中的重要一环。彼得·彼得森的工作证件上写的正是"曼哈顿"，但他却不知道这意味着什么。

直到 1945 年 8 月 6 日和 9 日，美国在日本广岛和长崎投下原子弹，接着日本宣布无条件投降，此时的彼得·彼得森才渐渐明白他所参与的是怎样的一份事业，他所采购的那些部件，正是用来制造原子弹的。

战争结束后，彼得·彼得森的工作暂时告一段落，离开家乡已经一年多的彼得·彼得森回到了卡尼，他的父母在得知他为战争做出了贡献后，热烈地欢迎了他，这种不同寻常的热情竟使他很不适应。

在卡尼，彼得·彼得森有大把的时间反思自己的过错，他认识到自己应该为抄袭的行为负起责任，但也正因为这一事件，他更清楚一点：自己根本不适合做工程师。那时的他已经看清楚了自己的"短板"，后来，他曾说：

无论接受多好的教育，基因上的限制——对机械知识的不知所措、对绘画的一窍不通，使我根本没办法与其他优秀的同学相比。另外，我并不能把对数学的精通应用到工程学上去，因此与身边有才能的未来工程师相比，我就很吃亏。那时，我还没有形成自己的职业原则：尽力发挥自己的长处。我只知道我需要找一个领域，在那儿我可以把自己的数学才能应用到人际关系或商业情境中，而不是浪费在物体构造和机械装置上。[1]

"塞翁失马，焉知非福"，彼得·彼得森的经历恰好验证了这一点，因为被开除，他看清楚了自己未来的方向，这令他一生受益。

卡尼小城的生活是安静舒适的，但彼得·彼得森的心中想的仍是远方。1945 年秋天，他决定离开家乡，重返麻省理工学院。他知道未来的路还很长，而现在最重要的是先找到自己的路。

---

[1] 彼得·彼得森：《黑石的选择》，浙江人民出版社，2018 年。

西北大学的快乐生活

1945 年秋天，对于彼得·彼得森的人生来说，是一个重要的转折点。

就在他准备好回到麻省理工学院重新开始自己的大学生活时，一个喜讯传来：美国西北大学批准了他的入学申请。

在得知彼得·彼得森被开除的消息后，父亲的朋友赫伯特·库欣博士无私地伸出了援手，他为彼得·彼得森写了一封推荐信。在信中，他一再强调彼得·彼得森为麻省理工学院辐射实验室做出的巨大贡献。或许是因为赫伯特·库欣博士的推荐，也或许是因为西北大学凯洛格商学院的院长与麻省理工学院有私人纠葛，彼得·彼得森被顺利录取。

进入西北大学学习，彻底为彼得·彼得森打开了新世界的大门。

西北大学坐落于美国伊利诺伊州埃文斯顿市郊的密歇根湖湖畔，是美国著名的私立大学，19 位诺贝尔奖得主、38 位普利策奖得主曾在此工作或学习。彼得·彼得森就读的凯洛格商学院更是美国公认的顶级商学院之一。在入学时，因为父亲的影响，他选择了零售学专业。

西北大学是一所以严谨著称的大学，与麻省理工学院的自由风格截然不同。彼得·彼得森很快就融入了西北大学，与麻省理工学院兄弟会的放纵无度相比，他更喜欢西北大学健康有益的社交生活。

在西北大学，彼得·彼得森仍然加入了兄弟会。菲谬三角洲兄弟会在西北大学有一个分支，这个分支与一个名为阿尔法·陶·欧米茄的兄弟会合并了。与菲谬三角洲兄弟会相比，阿尔法·陶·欧米茄兄弟会更大，历史更悠久也更出名。两个兄弟会合并后，彼得·彼得森的社交生活并未受到影响。

不过，当时家里给他的生活费非常有限，不足以支撑他丰富多彩的社交活动。因此，他只能自己想方设法去赚一些外快。当他得知一个名叫"三三角洲"的妇女联谊会要为会堂的餐厅招募一名服务生时，他敏锐地意识到，这是自己的机会。他从小就在父亲的餐厅帮忙，对服务员的工作可谓轻车熟路。尽管这份工作没有工资，只付伙食费，但彼得·彼得森已经心满意足了，因为这至少能使他省下饭钱，这样他就可以有更多的钱带女生去听音乐会或看电影了。而且，"三三角洲"妇女联谊会在西北大学很有影响力，来参加活动的女生众多，在这里当服务员可谓"近水楼台先得月"，这也是吸引彼得·彼得森的重要原因之一。事实上，他也的确在此结识了很多女生。

这一时期的彼得·彼得森成长飞快，尤其是在社交方面，与陌生人沟通越来越娴熟，早已不复当初在麻省理工学院时的羞涩了。只用了不到半年的时间，他就成了西北大学有名的社交达人。

通过积极的社交活动，彼得·彼得森积累了丰富的人脉资源。1946年，他因此还得到了一份新工作——受邀出任年刊《教学大纲》的广告经理。这个岗位非常重要，因为其出版发行完全依赖于广告销售。彼得·彼得森在这一职位上可谓如鱼得水，他第一次发现，原来自己非常适合做这一行。

这一年秋天，彼得·彼得森又得到了另一个宝贵的机会。西北大学的一位行政官员找到他，让他协助组织第二年的瓦阿姆（Waa-Mu show）。

瓦阿姆是一个非常出名的学生时事音乐剧，1929年第一次上演，有着悠久的历史。"瓦阿姆"这个名字来自第一次上演时的两个参演团体的英文首字母，因第二次世界大战，瓦阿姆被迫中止。战争结束后，瓦阿姆于1946年复演，除此之外，还有很多知名演艺人在这个舞台上贡献了自己出色的表演。

在1947年春天的瓦阿姆中，彼得·彼得森承担了很大的工作量，他既要帮助制片人寻找作家、音乐人和舞蹈者，又要负责广告和推广，这些都是举行一场成功演出所必需的幕后工作。虽然工作繁忙，彼得·彼得森却非常享受这个过程，在他看来，能与一些各个领域的卓越人才合作，是一件非常幸运的事情。

这一时期彼得·彼得森另一个值得骄傲的成就，是竞选阿尔法·陶·欧米茄兄弟会的主席一职。虽然经历了一些波折，幸运的是，他最终如愿以偿。他还参加过学生会主席的选举，但那一次运气不太好，只得了第二名。

在西北大学的几年，是彼得·彼得森"价值观的塑造和形成时期"，后来他说：

> 如果说吉恩·蒲柏一家让我见识了财富和权力的话，那么我在西北大学的几年则教会了我如何靠自己的力量成就事业。我发现原来我很擅长后来人们所说的一心多用，而且我也喜欢这样工作。我的兴趣很广，如果单做一件事情的话，我会觉得很枯燥。那时，我并不知道自己有这方面的倾向，但总的来说，我已经习惯了这种工作模式，以后的人生道路上，我也会如此走下去。[1]

彼得·彼得森令人惊讶的地方在于，虽然热衷于校园活动和社交生活，但他的学业却丝毫未受影响，始终很出色。对此，很多人都好奇不已，不知道彼得·彼得森是怎么做到的，还有一些人认为他天赋出众。但彼得·彼得森自己却不是这样想的，后来，他曾谈论过自己成功的秘诀，那就是"察言观色"。

在彼得·彼得森的自传《黑石的选择》中，他曾颇为得意地解释

---

[1] 佚名：《彼得·彼得森："一胜九败"的黑石创始人》，经济参考网，2011年5月。

了这一秘诀：

> 我清楚大多数教授都是知识的布道者，他们传授的是自己真正相信的知识。仔细观察，你就会发现，人们在谈论他们喜欢的话题时，动作会格外丰富，声音也会充满激情。换句话说，我不仅会听他们授课内容的表面意思，还能够听出其中的弦外之音，并用课堂笔记本记下教授们的弦外之音。考试快来临的时候，我会看着自己的这些笔记，想着教授当时强调的语段，然后仔细阅读这些段落，直到记住为止。不管试卷上的问题如何，我都会想办法把能激起教授热情的那些要点写出来。其实，我无非就是在奉承他们。我知道这有点儿不厚道，但这些行为每次都能为我带来 A 或是 A+。[1]

善于察言观色不仅使彼得·彼得森在学生时代获得了出色的成绩，这也让他的一生受益匪浅。学会倾听和观察别人，在彼得·彼得森往后的职业生涯中发挥了巨大的作用。

---

[1] 彼得·彼得森：《黑石的选择》，浙江人民出版社，2018 年。

甜蜜与挫折

在西北大学，彼得·彼得森不仅在校园活动中大放异彩，在情场上也颇为得意。

读大三时，他在一个交谊舞会上认识了一位漂亮的姑娘，这位名叫克丽丝·克林吉尔（Kris Krengel）的女孩来自爱达荷州的双瀑市，就读于西北大学新闻学院。

在那场交谊舞会上，两个年轻人一见钟情。巧合的是，他们都非常喜欢跳舞。那一天，在美妙的音乐声中，他们跳了一曲又一曲，直到深夜才依依不舍地分开。

那天晚上之后，彼得·彼得森便经常与克丽丝·克林吉尔约会。他渐渐对这位女孩有了更深的了解，她正在读大二，是《西北大学日报》的编辑之一，她的同学和编辑部的其他成员给予她很高的评价。两个人的朝夕相处让彼得·彼得森逐渐认定，这位女孩非常适合自己。

大四那一年，彼得·彼得森把自己的兄弟会别针送给了克丽丝·克林吉尔——这是当时希腊裔学生的一个传统，送出别针就意味着认可对方，如果对方愿意接受别针，在那之后不久就会订婚。后来，他们不但订了婚，还约定好了在克丽丝·克林吉尔毕业之后就结婚。

虽然感情生活顺风顺水，但彼得·彼得森的心中也有一丝遗憾，这从他后来在自传中的只言片语可以窥见一斑：

我们用"适合"这个词来形容对方，诚然这个词缺乏激情。

但在那个年代，男女结婚比现在要早多了。一旦毕业，你就要开始过日子，而过日子便意味着工作、妻子，还有孩子。在大萧条和第二次世界大战的双重打击下，这样一种所谓的正常生活是人们所渴望的。女性承受的压力特别沉重，如果她们不能在毕业后的一年左右找到婆家，那么人们就可能称她们为"老小姐"。我想克丽丝肯定认为我是养家糊口的好对象，因为我获得了荣誉学士学位。另外，她想走已婚的联谊会姐妹走过的路子，而我只想通过娶一个"合适"的非希腊裔女孩来巩固自己的美国人身份。[1]

生活是一条波涛汹涌的长河，我们所经历的每一件事情，便是这长河中的浪花，有的浪花会轻轻拂过心头，带来甜蜜与温馨，有的却能掀起汹涌的波涛。彼得·彼得森的生活也并非总是一帆风顺，这一时期，他也曾遭遇惊涛骇浪。

大四那年的冬天，彼得·彼得森突然感觉全身乏力、四肢瘫软。原本精力充沛的他同时应付社交、学业和恋爱都游刃有余，但那段时间，他却总感觉分身乏术。而且，他变得特别喜欢睡觉，上课的时候会睡觉，看书的时候会睡觉，就连看电影的时候也会睡觉，有时甚至刚吃完饭就感觉困意一下子袭来。

起初彼得·彼得森并没有把这当回事，他猜想可能是因为一直忙个不停才导致身体不适，只要休息一下就能恢复。谁知道几周以后他不但没有好转，还发起了高烧。直到这时，他才不得不重视起这个问题，拖着病体到校医院看病。

校医院的医生决定让他住院观察，糟糕的是，住院时彼得·彼得森的病痛不但没有减轻，反而还增添了背部剧烈疼痛的症状。他告诉医生这一症状，那位年轻的实习医生竟然把原因归结为医院病床上的

---

[1] 彼得·彼得森：《黑石的选择》，浙江人民出版社，2018 年。

橡皮垫!

在医院住了几天，医生始终没能诊断出他的病症究竟是什么，彼得·彼得森只好出院。不过出院之后，他仍然嗜睡，并且越来越严重。

兄弟会的伙伴们都注意到了彼得·彼得森这种不正常的状态，他们担心他的身体出现了严重的问题。有一个伙伴的父亲是泌尿科医生，他带着彼得·彼得森到父亲那里就诊。在仔细询问之后，那位泌尿科医生为彼得·彼得森做了 X 光检查。胶片出来后，医生惊讶极了，因为彼得·彼得森的左肾已经肿得像气球一样大了。

"很不幸，你得了尿毒症。"医生下了结论，并且告诉他，手术迫在眉睫。

第二天，一位护士将彼得·彼得森推到了手术室。在那里，医生将他身上的一条错位的血管切除了，使尿液可以正常地从肾脏流到膀胱。正是因为这条血管，尿液才无法流到膀胱，只能向彼得·彼得森身体的其他部位扩散，导致他中毒。小小的一条血管，害惨了彼得·彼得森。

手术不仅挽救了彼得·彼得森的生命，也使他重新恢复了生机，并且，他还能够在 1947 年 8 月像其他同学一样如期毕业。

那时的彼得·彼得森心中跃跃欲试，他想，自己终于可以做一个"地道的美国人"，融入美国的主流社会中去了。

第三章

峥嵘初现：充分发挥比较优势

人生的秘诀在于经营好自己的长处。认清自己的优势和劣势，知道自己适合做什么，不适合做什么，然后根据自己的优势以及人生发展的需要来确定前进方向，努力发展自己，对一个人一生的发展非常重要，有时甚至会改变一个人的命运。找到自己的优势，并将其发挥到极致的人，往往更容易成功。扬长避短，才能创造人生的辉煌。

职业生涯的第一课

离开西北大学后，彼得·彼得森面临着人生的一个重要选择——从事何种职业。

在西北大学，彼得·彼得森获得的是零售学学位证书。巧合的是，女友克丽丝·克林吉尔的叔叔在俄勒冈州的波特兰市从事的正是与零售相关的工作，他邀请彼得·彼得森到波特兰去，他会在那里为他介绍一份工作。彼得·彼得森欣然答应。

1947 年夏天，彼得·彼得森乘坐火车来到波特兰。波特兰是美国西北太平洋地区仅次于西雅图的第二大城市，因为临近太平洋，介于地中海气候和温带海洋性气候之间，冬季湿冷多雨，夏季炎热干燥。八月份原本是波特兰最干燥的季节，但彼得·彼得森到波特兰时，却正赶上了下雨。

在淅沥的小雨中，人生地不熟的彼得·彼得森四处寻找住所，经过一番波折，在一个便宜的小旅馆暂时落了脚。安顿下来后，他便马不停蹄地参加了克丽丝叔叔为他安排的几个面试，幸运的是，其中一家百货公司的玩具部雇用了他。

在这家百货公司的玩具部，彼得·彼得森既没有任何头衔，也没有明确的工作职责，但这并不妨碍他全身心地投入到自己的工作中去。为了提高公司的销售额，彼得·彼得森需要了解仓库中都有哪些玩具，而哪些又是最受孩子们欢迎的。但是玩具部的老员工却告诉他，没人知道公司的仓库里存放着什么，所以彼得·彼得森只能自己跑到仓库去一一查看和统计。在那个还没有电脑的年代，要统计出那些堆在仓库里的玩具的数量和品类并不是一件容易的事情，彼得·彼得森不得不整日待在那个阴冷潮湿、灰尘密布的仓库里。

到了晚上和周末，彼得·彼得森又会到百货公司的玩具货架上值班。那里到处都是挑选玩具的孩子，每当看到自己喜欢的玩具，他们就会兴奋地尖叫起来。彼得·彼得森会把孩子们对玩具的喜好记录下来，然后向玩具部的采购员提出建议。参考了他的建议后，玩具部采购的商品往往能够符合顾客的需求，玩具部的销量也因此有了大幅提升。

彼得·彼得森的出色表现，被百货公司的老板之一比尔·罗伯特全都看在眼里。圣诞节之后，他将彼得·彼得森提拔为另一部门的采购助手。

虽然得到了晋升，彼得·彼得森却并没有因此而开心，那时，他已经想明白了，自己并不适合零售业。

彼得·彼得森的想法与传统的职业规划逻辑是相悖的。通常，按照惯例，人们都会先选好自己的工作领域，比如选与自己大学所学专业有关的，然后在这一领域一步一个脚印地走下去。就像彼得·彼得森，按照正常的职业发展道路来说，他应该接受那个采购助手的职位，在这个职位上继续努力，再次得到晋升，甚至在很短的时间里成为采购负责人，因为业绩突出而被更大的零售企业挖走。

若稳打稳扎，他可以得到更好的职位、更高的头衔以及更丰厚的收入。但此时的彼得·彼得森却发现自己的兴趣与激情不在零售业上，他喜欢分析市场走向，喜欢了解市场需求，却不喜欢迎合别人。他明白自己是一个"不合群的零售推销员"，一个不适合做销售员的人却学了零售专业，显然他的职业选择是错误的。

正是这段经历让彼得·彼得森学到了职业规划的重要一课，后来他总结道：

我学到的第一堂课是：不要被某个工作牵着鼻子走，如果它仅仅是薪水高、福利好、地理位置好，或给你大办公室坐。集中关注你的优势能否在工作中得到体现——你的比较优势。我的第一份工作，零售业的那份，体现的就是我的相对劣势，所以惨败。在那之后，我学会拒绝不适合我的工作机会，不管它多么诱人。最后，我发现我事业的好坏确实取决于我在工作岗位上的表现，也就是说充分发挥我的优势。亚当·斯密的学生将牢记他数世纪都适用的至理真言：发挥你的比较优势。我发现这句话对人也好，工作也好，都同样适用。[1]

比较优势原理，是经济学中一个非常普适的原理。它的主要含义是，一个个体，如一个人、一个组织或者一个国家，如果能够把有限的时间和精力都用来做自己最擅长的事，或生产自己具有比较优势的产品，然后再和别人交换，这样能实现财富的最大化，而不论这个个体的绝对优势是否具有竞争力。

对此，彼得·彼得森信奉的经济学家亚当·斯密在《国富论》中有这样一段非常生动的描述：

> 一个没有受过训练的工匠，即使竭尽全力，一天也做不成一根别针，更别想做成20根了。但是，若能分工合作，一个人抽铁丝，一个人拉直，一个人切断，一个人削尖，一个人磨平……把整个工作分成18道工序，由十多个工人来完成。有些工人只需要专注完成一道工序，有些工人完成两三道工序，然后再配备一些必要的机械设备。如果他们努力工作，一整天下来，他们就能做出12磅重的别针，这相当于每个人做了4800枚别针。

---

[1] 彼得·彼得森：《黑石的选择》，浙江人民出版社，2018年。

做事如此，做人也是如此。每个人都有属于自己的优势，也不可避免地会有短板。在人生的坐标上，如果一个人站在了错误的位置上，用自己的短处去谋生，用自己的弱项和别人的强项拼，他就很可能会在永久的卑微和失意中郁郁不得志，甚至逐渐沉沦。

人生的秘诀在于经营好自己的长处。认清自己的优势和劣势，知道自己适合做什么，不适合做什么，然后根据自己的优势以及人生发展的需要来确定前进方向，努力发展自己，对一个人一生的发展非常重要，有时甚至会改变一个人的命运。找到自己的优势，并将其发挥到极致的人，往往更容易成功。扬长避短，才能创造人生的辉煌。

明白了这一点之后，彼得·彼得森开始重新考虑自己的职业道路。他深知，对人生而言，努力从来不是一件容易的事，但比努力更难的，是选择。在经过一番权衡后，他最终做出了一个艰难的决定：离开百货公司，回到芝加哥，重新找一份能充分发挥自己优势的工作。

踏足市场调查行业

1947 年冬天，彼得·彼得森重返芝加哥。当时的他正处于一片迷茫之中，不知道未来要去往何方。就在这个艰难的时刻，他得到了幸运女神的眷顾——西北大学的一位教授引荐他到一家市场调查公司工作。

这家市场调查公司坐落在芝加哥市中心的南喇沙利道 39 号，规模不大，做的调查范围却很广，既包括牙膏、肥皂、化妆品、啤酒等个人生活物品，也包括割草机、农场工具、家电、汽车等大型机械产品。刚入职时，彼得·彼得森只是"初级专业人员"，这是对像他这样的新人的一种惯常称呼。虽然只是一个"初级专业人员"，他要承担的职责却很多，其中之一是通过拜访产品的消费对象，调查得到不同人群对商品或服务质量的评价、期望和想法，取得第一手资料，从而分析市场情况，了解市场的现状及发展趋势。

在市场调查行业，彼得·彼得森是一个十足的"菜鸟"，但他却仿佛天然具备做这一行的天赋，只用了很短的时间，就掌握了诀窍。

去拜访之前，他往往会先翻阅目标地区的居民区地址簿，从中挑选合适的受访者。每次到受访者家里拜访之前，他都会通过各种途径想方设法了解他们的基本情况，比如家庭人口、生活水平、兴趣爱好等。去拜访时，他还会有针对性地更换服装，如果受访者居住在穷人区，他会穿着简单的 T 恤、牛仔裤，以拉近彼此之间的距离。如果受访者住在富人区，他就会穿着西装、打着领带，以免因为穿着太寒酸而遭到对方的排斥。彼得·彼得森的用心使他总是能顺利地获得受访者的信任，让他们顺利开门，接受采访。不过，有的时候，即使彼得·彼得森说破了嘴皮，对方也不愿意开门，这时，他也不会轻易放弃，他会改变策略——打同情牌，跟受访者哭诉，如果他不能顺利做完调查，老板就会扣他的钱。这样的方式很有效，人们通常不愿意为难一个处于困境中的人，更何况，接受采访只是举手之劳。

那段时间，彼得·彼得森过着窘迫的生活，就连西装也只有一套，在去富人区的时候，他会小心翼翼地穿着它，为自己撑一撑"门面"。然而，有一天，他的助手不小心在西装裤子上烧出了一个洞，微薄的工资收入让彼得·彼得森想都没想就放弃了买一套新西服的打算。他拿着那条裤子到裁缝那里，想让裁缝帮他补好这个破洞，谁知道裁缝开出的价格高到超出了他的想象，他只好打消了这个念头。

无奈之下，彼得·彼得森只好到芝加哥的一家二手店铺去，这是一家很有创造力的店铺，擅长为旧衣服换新貌。彼得·彼得森在店里东挑西选，想为自己的西装找到一条最配的裤子。他试了很久，都没能拿定主意。

老板是一个精明的犹太人，他一直沉默地看着彼得·彼得森在镜子前试来试去，过了很久后，终于按捺不住自己的怒气。这家店铺在铁轨旁，常有火车来来往往，在一辆路过的火车的轰隆声中，老板突然高声对他说："喂，小伙子，你听到火车的声音了吗？"

正在认真挑选裤子的彼得·彼得森被吓了一跳，他惊讶地看着老板，不知道他为什么会突然问这样的问题。不过，他还是老老实实地回答道："听到了。"

老板板着脸，继续问道："那你知道火车是什么颜色的吗？"彼得·彼得森根本没有注意到火车驶过，他只好回答："我不知道。"

那位老板的声音更加高亢了："你当然不知道！那你觉得别人会记得你的裤子是什么颜色吗？"

老板的这句话让彼得·彼得森一下子醍醐灌顶：何必要如此在意别人的眼光？其实，除了自己，没有人会在意他的裤子是什么款式、什么颜色。

接下来，只花了几分钟的时间，彼得·彼得森就挑好了一条自己喜欢的裤子。这条裤子或许与他的西装并不那么相配，但是，当他穿着这条裤子去拜访客户、进行市场调查时，从来没人说过他的穿着有什么问题。

从那之后，彼得·彼得森就养成了一个习惯：每当他要参加一些需要穿正式服装的重要场合时，他都会直接从工作地点过去，就穿着一套深蓝色西装、普通白衬衫，然后戴上随身携带的黑色领结和腰封。他知道，很少有人会注意他穿的是什么衣服，即使有人注意到了，他们也不会在意。这为彼得·彼得森节约了大量的时间和精力，让他不必把时间浪费在无意义的事情上。

这份工作的工资很低，但彼得·彼得森并不在意。他非常喜欢他的新工作，这种热爱激发出了他的工作热情，使他愿意为工作奉献全力，使他感觉到付出的一切都是有价值的，即使再苦再累也从不抱怨和后悔。

后来，彼得·彼得森曾这样评价这份工作："工作的每一天都让我有奋斗和开心的理由。"[1]这也充分证明了，利用自身的比较优势去工作，是一个多么明智的选择。

1948年夏天，克丽丝·克林吉尔顺利地从西北大学毕业了，他们决定按照计划，在毕业后结婚。

但是，有一个难题一直盘旋在彼得·彼得森的脑海中：他不知道自己的父母是否能接受克丽丝·克林吉尔这样一个非希腊裔女孩。父母一直希望，他能像他们一样，与自己同族裔的人结婚，延续希腊的

---

[1] 彼得·彼得森：《黑石的选择》，浙江人民出版社，2018年。

传统文化。

为了减少纷争，他和克丽丝·克林吉尔决定在克丽丝·克林吉尔的父母家举办一个简单的婚礼。克丽丝·克林吉尔的父母住在双瀑市，这座小城位于爱达荷州中南部波卡特路西边，在蛇河双生瀑布附近。

在即将举行婚礼之际，彼得·彼得森才怀着忐忑不安的心情向远在卡尼市的父母通知了这个消息。如彼得·彼得森所担忧的那样，父母听说这桩婚事后，先是极为震惊，随之而来的就是强烈的反对。不过，彼得·彼得森早已下定决心，因此，父母的反对成了虚张声势。最后，他们还是从卡尼市赶来参加了儿子的婚礼，并且在婚礼上很好地掩饰了内心的不快。

彼得·彼得森已经很久没有见到自己的父母了，在婚礼上，他清晰地看到了岁月这把无情的刀在父母身上留下的痕迹，尤其是父亲。他的父亲乔治·彼得森当时已经年过五十，乌黑的头发已变得花白，前额和眼角也爬满了皱纹。因为繁重的工作以及长时间的站立，他的身体大不如前，腿疼和静脉曲张的老毛病时常让他痛苦不已。这让彼得·彼得森的心情一下子变得沉重起来。

所幸，也有好消息，父亲告诉他，在大萧条结束后，经济很快就得到了恢复，并且迅速发展起来，卡尼人的生活也因此变得好起来。而且，自从空军基地搬到卡尼以后，中央咖啡厅的生意非常红火，父亲的收入也随之增加了很多，越来越丰厚的收入让他们可以更多地帮助远在希腊的亲人们。

婚礼结束后，彼得·彼得森和克丽丝·克林吉尔在爱达荷州的度假胜地阳光山谷度了蜜月——只在那里住了一个晚上，他们当时的经济条件只能承担这些。

短暂的蜜月很快就结束了，这对新婚的小夫妻第二天就告别了父母，回到了芝加哥。在芝加哥，克丽丝凭借着自己的新闻学学位在美国医学会谋到了一份工作，彼得·彼得森则再次投入到他所热爱的市场调查工作中。

　　彼得·彼得森在工作上是如此投入，以至于他完全忽视了新婚不久的妻子。他曾抱怨父亲因为工作而忽略了家庭，而现在，他却重蹈覆辙，成了与父亲一样的"工作狂"。一直沉浸在工作中的他并没有意识到，这样的疯狂会让他失去什么。

到芝加哥大学深造

时间的车轮不停向前，转眼间就到了1950年。经过了两年多的适应与磨炼，彼得·彼得森已经从一名市场调查行业的新人成长为当之无愧的业内专家。

但彼得·彼得森并不满足于自己在职场上的进步，相反，他开始寻找自身的不足。他发现，他在西北大学学到的那些销售知识已经不能帮助他成长了，知识结构的老化成为他继续前进的拦路虎。为了补足短板，他必须接受更好的商业教育，继续深造的想法在他的心头萌生。

彼得·彼得森原本打算回母校西北大学读工商管理专业，但西北大学的商学院距离他的公司实在是太远了，这样一来，他无法兼顾工作，只能辞职。于是，他开始物色更合适的商学院。

都说"踏破铁鞋无觅处，得来全不费工夫"，有一次，彼得·彼得森在街头散步，心中仍在盘算这件事，就在这时，他一抬头，看到了前面有一栋建筑，上面挂着芝加哥大学商学院的牌子。

彼得·彼得森的眼前顿时一亮：这是不是一个更好的选择？不过，虽然芝加哥大学商学院离他的公司只有咫尺之遥，但他却对其并不了解。他向周围的人打听这所学校，有人说这是一所研究型的大学，有人说它是美国最好的商学院之一，有人说那里的教授有完善的知识体系、专业性很强。不过，最终打动他的一个评价是"这个专业很学术，不太注重实践"。这个在别人看来是负面评价的意见对彼得·彼得森来说却至关重要，虽然在长期的市场调查工作中他已经积攒了数不胜数的实践经验，但他的理论知识却极为匮乏。

到芝加哥大学商学院深造，对于彼得·彼得森来说是人生的一个重要转折点，后来他将其称为"巨大的改变"：

> 到芝加哥大学的深造之旅既改变了我的政治信仰，也改变了我的朋友关系，我的职业和生活方式也随之发生了巨大的变化。在这之前，我从来没有经历过这么巨大的改变。[1]

在此之前，彼得·彼得森一直自认为是一个聪明人，虽然在麻省理工学院曾经遭受过一些挫折，但在西北大学他一直表现非常优异，不但成绩出众，在社团活动中也非常积极。然而，当他进入芝加哥大学商学院后，当他看到老师们站在讲台上激情澎湃地为学生们讲课时，他突然明白了"聪明"与"智慧"之间的巨大区别，明白了什么才是真正的智者。

他的老师米尔顿·弗里德曼（Milton Friedman）和乔治·施蒂格勒（George Stigler）都只有三十多岁，却在经济学方面有着很深的研究，后来他们都凭借自己提出的经济学理论获得了诺贝尔经济学奖，成为20世纪最具影响力的经济学家。

米尔顿·弗里德曼于1946年到芝加哥大学教授经济理论，在他执教的三十年里，他将芝大经济系塑造成紧密而完整的经济学派，力倡自由经济，被称为芝加哥经济学派。在米尔顿·弗里德曼的领导下，多名芝加哥学派的成员获得了诺贝尔经济学奖。

在彼得·彼得森的回忆中，米尔顿·弗里德曼个子不高，却很有智慧，充满"对生活的洞悉和热情"。对这位恩师的授课风格，彼得·彼得森记忆犹新："他总是非常自信，比如，有一次当他讲到市场的时候，

---

[1] 彼得·彼得森：《黑石的选择》，浙江人民出版社，2018年。

他告诉我们：'我对时间的预测或许并不那么准确，但是我可以肯定，我预测的市场发展方向是绝对没有问题的。'他时常提起自由市场，他说自由市场蕴含着蓬勃发展的能量，如果不被凯恩斯主义者操纵、不被干预、持续开放的话，会发展得非常好。"[1] 这种超乎寻常的自信以及坦率直接的说话方式，经常会让学生们倍感压力。

与米尔顿·弗里德曼的犀利、好辩相比，乔治·施蒂格勒则显得幽默、温和与实事求是。在授课时，乔治·施蒂格勒总是会把自己的智慧通过幽默的方式展现出来。在那个年代，广告业已经越来越火爆，甚至已逐渐发展成为美国商业的重要行业，但针对广告业的批评也随之而来，很多人指责广告对观众产生了误导，使观众做出了错误的判断。

乔治·施蒂格勒对此非常不满，他打了一个比方，说那些人指责广告就像"责怪服务员太胖一样"。他也曾做过古典研究，研究过度监管造成的危害，以及政府官员们是如何想方设法对某些行业进行监管，最终却成了这些行业的俘虏。施蒂格勒常告诫彼得·彼得森和他的同学们，不要冥思苦想一些根本不存在的选择。

无论是米尔顿·弗里德曼还是乔治·施蒂格勒，他们都是非常睿智的学者。在他们的引导下，彼得·彼得森开始了激动人心的学习过程，知识累积、大脑风暴和无休止的分析。他们毫无保留地将自己在经济学方面的研究成果传授给彼得·彼得森，使他受益匪浅。在后来的商业管理中，彼得·彼得森一直深受其经济理论的影响。对此，彼得·彼得森曾感慨：

> 恩师们的教育一直引导着我，这远比我在西北大学接受的零售课程更有价值。我经常会想象，如果当初没有选择到芝加哥大学商学院就读的话，我的人生会走向何方。我的运气很好，就像

---

[1] 彼得·彼得森：《黑石的选择》，浙江人民出版社，2018年。

我离开麻省理工学院一样，我的运气也发挥了巨大的作用。[1]

彼得·彼得森雄心勃勃地计划着在五个季度内结束芝加哥大学商学院的课程，拿到 MBA 学位。为此，他不得不争分夺秒地学习。在芝加哥大学商学院上学的同时，彼得·彼得森还要继续自己在市场调查公司的工作。那段时间他像陀螺一样连轴转，每天下班后，他就快马加鞭地赶到商学院上课，结束了长达三个小时的学习后，他又要以最快的速度去火车站，回自己在帕克里奇的家。

在工作和学业上的全情投入让彼得·彼得森获得了巨大的成就，却对他与妻子的关系造成了极大的负面影响。因为无暇顾及家庭，克丽丝·克林吉尔对他的抱怨和不满越来越多、越来越频繁，但彼得·彼得森却没有意识到问题的严重性。他总以为，只要熬过这一段时间，妻子就会理解他的苦心，生活又会恢复如初。

但他不知道的是，妻子长期累积的不满足以毁掉他们的婚姻。1950年年底，克丽丝·克林吉尔再也无法忍受彼得·彼得森的忽视，愤而向他提出了离婚。

克丽丝·克林吉尔的态度是如此坚决，直到那时，后知后觉的彼得·彼得森才恍然发现，他与克丽丝·克林吉尔的婚姻竟然成了父母的翻版。

彼得·彼得森并不是一个固执的人，他开始反思自己的问题：

> 父亲犯下的错误，在我的身上重演，我像他一样，忽略了自己的妻子。父亲曾经希望为家里创造良好的经济条件，他认为这样母亲就能在没有父亲陪伴的情况下快乐生活。我也曾坚信，物质上的满足就能换取母亲的爱，就像我为她做的首饰盒，就像我

---

[1] 彼得·彼得森：《黑石的选择》，浙江人民出版社，2018 年。

在事业上取得的种种成就。而现在，我错误地以为我的 MBA 学位和上升中的事业能给克丽丝带来安慰。[1]

结束了与克丽丝·克林吉尔的短暂婚姻后，彼得·彼得森消沉了一段时间。不过，这样的时间并没有持续多久，对事业和学业的沉迷很快就冲淡了他的悲伤。

回归单身生活的彼得·彼得森有更多的时间用来工作和学习，由于没有了家庭的负担，他也可以有一些时间与以前的兄弟会伙伴们一起聚会，对他来说，"那是毕业后过得最开心的一段时光"。

1951 年，彼得·彼得森如愿以偿地以全优的成绩拿到了芝加哥大学商学院管理硕士学位。因为他在学业上的突出表现，商学院还为他提供了一个千载难逢的好机会——邀请他当营销学的副教授。

彼得·彼得森没有博士学位，让这样一个人来教授研究生课程，着实令人惊讶，尤其还是像芝加哥大学这样出名的大学。彼得·彼得森将这一邀请视为学校对自己的最高认可，但再三思考权衡后，他还是选择了拒绝。一方面，芝加哥大学商学院只能提供很低的薪酬，另一方面，彼得·彼得森仍想在社会上锤炼自己，他希望在实践中不断汲取新的知识，继续挖掘市场调查的潜力对他有着莫大的吸引力。不过，为了回报学校对他的认可，他同意在商学院的夜校教授一门课。

完成学业后，彼得·彼得森的生活节奏渐渐慢了下来，他开始把精力投入到恋爱上。他结识了一位叫作萨莉·洪伯根（Sally Hornbogen）的女孩，她来自密歇根州马凯特，当时正在西北大学读大一，是一个很有魅力的女孩。她与彼得·彼得森有很多共同点，比如都喜欢古典音乐，都喜欢跳舞。彼得·彼得森深深地爱上了这个女孩，爱情的甜蜜仿佛让他长了一双翅膀，每分每秒都飘浮在云端。

---

[1] 彼得·彼得森：《黑石的选择》，浙江人民出版社，2018 年。

第一次接触政坛

多年来，彼得·彼得森一直沉迷于工作与学业，对政治并不感兴趣。然而，当1952年总统选举到来时，他却突然对政治产生了浓厚的兴趣。他以前所未有的激情开始探索这个全新的领域。

彼得·彼得森一直在观察有潜力的参选人，他的目光渐渐聚焦到了德怀特·戴维·艾森豪威尔（Dwight David Eisenhower，以下简称德怀特·艾森豪威尔）身上。

德怀特·艾森豪威尔是美国少有的几位五星上将之一。在第二次世界大战爆发前，德怀特·艾森豪威尔是一个没有上过战场的少校参谋，他通过好友巴顿到康纳将军手下做参谋工作，三年后到参谋学院深造并成为潘兴将军的得力助手。陆军大学毕业后，他在麦克阿瑟身边工作了七年。在这些有名又有才华的将军手下服役，使得德怀特·艾森豪威尔融会贯通地学到了许多先进的军事知识，尤其在康纳将军的指导下，他系统地学习了军事历史和理论，这对他影响巨大。

在第二次世界大战中，德怀特·艾森豪威尔因其出色的军事才华大放异彩。1941年12月7日，日本偷袭珍珠港，美国对日宣战，五天后，乔治·马歇尔命令德怀特·艾森豪威尔火速到陆军部报到，负责总参谋部作战处远东科的工作。从1942年11月开始，他领导了同盟国进攻北非的"火炬行动"。然后，他于1943年指挥英美联军进攻西西里岛和意大利半岛。1943年初，德怀特·艾森豪威尔被任命为盟军远征军最高指挥官，并负责指挥盟军攻打纳粹占领的欧洲。在 D 日（1944年 6 月 6 日），超过 15 万名盟军越过英吉利海峡冲上诺曼底海滩，最终于 8 月 25 日解放了巴黎，决定性地扭转了欧洲战争的趋势。1945 年，艾森豪威尔以美国陆军参谋长的身份荣归故里。

1948 年 2 月，德怀特·艾森豪威尔从军队退役，之后担任哥伦比亚大学校长。在 1950 年由于北约缺司令，艾森豪威尔又担任北约司令。北约虽然是一个为了应对"冷战"而产生的组织，但联盟内却十分松散，要协调各国是一件非常困难的事情。但是艾森豪威尔凭借其军功和资历，在各国之间游刃有余，虽然执掌北约的时间不长，但是却出色地完成了美国利益集团托付的任务，让美国成为统领整个西方世界的"超级大国"，国际地位空前绝后。

1952 年总统选举到来时，由于哈里·杜鲁门人气下滑，一些共和党人就劝说艾森豪威尔竞选总统，并为他建立了一个竞选团队。彼得·彼得森很想加入他们的队伍。在彼得·彼得森看来，德怀特·艾森豪威尔与一般的政客不同，虽然他是一个常胜将军，却不是一个飞扬跋扈的人，相反，他比其他人更加平易近人，无论面对谁，他总会露出温暖的微笑。但他从不虚伪地应承别人，相反，他会耿直地说出自己的想法。彼得·彼得森认为，美国人民需要这样一位总统。

就在这时，乔治·弗莱（George Fry）给他打来了电话。彼得·彼得森曾与乔治·弗莱的咨询公司合作过一些市场调查项目，他打电话来是想咨询一些生意上的事情。但彼得·彼得森却突然意识到机会来临了——乔治·弗莱当时正在伊利诺伊州帮艾森豪威尔招募选举助手。

他马上在电话中向乔治·弗莱表示了他对支持艾克（艾森豪威尔的昵称）的兴趣，并热情地讲述了一些关于如何把艾克推销给公众的初步想法。彼得·彼得森的想法虽然不太成熟，却充满创意，乔治·弗莱对此充满兴趣。为了验证这些想法是否具备可行性，他当即决定，授权彼得·彼得森进行一些调查。

彼得·彼得森马上兴致勃勃地着手调查。他说服芝加哥大学的社会学家劳埃德·沃纳（LIoyd Warner）参与到他的调查中，他们使用最新的访谈话术和调查技巧与受访者进行沟通。比如，在访谈快要结束的时候，他们会把问卷放到一边，与受访者自由地进行谈话。这时，人们会因为访谈结束而变得放松下来，更容易敞开心扉说一些心里话。很多人都说："我就是喜欢艾克，我说不出来这究竟是为什么，但我很信任他。他就是那种你可以放心地把自己的事情交给他来做决定的领导人。"

根据他们的调查，德怀特·艾森豪威尔将军在美国人民心中有着父亲一般的形象，他的领袖气质就在于他的亲和力，他能让美国民众感受到他的平易近人，并且人们都相信他会做出正确的决定，这与彼得·彼得森之前的判断不谋而合。彼得·彼得森建议，在为德怀特·艾森豪威尔制定竞选策略时，应该把注意力更多地放在"艾克非常讨人喜欢"这一点上，不要只注重他的具体政见。

彼得·彼得森的调查报告被乔治·弗莱转交给了共和党宾夕法尼亚州参议员詹姆斯·达夫（James Duff），然后又被发到了竞选总部。竞选团队充分采纳了彼得·彼得森的意见，提出了"我喜欢艾克"的竞选口号。与此同时，"我喜欢艾克"的徽章和其他物品也相继推出，受到了很多美国人的喜爱与追捧。

如彼得·彼得森所料，"我喜欢艾克"这个口号很快就风靡整个美国。有一次，艾森豪威尔收到了一卷两个小时的影片胶卷，这是一部刚刚实拍的集会场景，在画面里，有一万五千多人高举着写有"我喜欢艾克"的牌子，他们一起高呼"我们支持艾克""我们支持艾克"。

温情和信任是德怀特·艾森豪威尔在竞选时的两个法宝，它们让他像在战场上一样战无不胜。当时与德怀特·艾森豪威尔竞争的是伊利诺伊州州长、民主党人阿德莱·史蒂文森（Adlai Stevenson）。阿德莱·史蒂文森能言善辩，他之所以能成为民主党候选人，一部分原因就在于他在民主党提名大会上做的关于施政方针的演讲，那次演讲征服了在场的无数人，为他赢得了大多数选票。

不过，选民们却不这样认为，他们觉得阿德莱·史蒂文森城府太深。

彼得·彼得森进行调查的时候，在提到阿德莱·史蒂文森时，他们的评价通常是"是个刚直正派的人""善于思考""有点儿复杂"。然而，在提到艾克时，他们却往往滔滔不绝，他们不会一一数出艾克都做了什么，但就是单纯地觉得他很合适，他们喜欢艾克，也相信艾克为他们做出的决定一定是有利于他们的。

彼得·彼得森坚信自己的调查结果，他甚至还颇为自信地与同事们打了一个赌：艾克一定会打败阿德莱·史蒂文森。赌注是 500 美元，实际上，这个数目是彼得·彼得森根本输不起的，因此，一旦赌输了，彼得·彼得森恐怕就要倾家荡产了。

不过，彼得·彼得森毫无悬念地赢得了赌局：德怀特·艾森豪威尔以 55.5% 的选票，成功当选为美国第 34 任总统，结束了共和党 20 年没有执政的历史。这让彼得·彼得森意识到，有目的的调查是多么重要。

1953 年 1 月 20 日，德怀特·艾森豪威尔宣誓就职。从太平洋沿岸到大西洋沿岸的美国人通过电视观看就职仪式，而彼得·彼得森却在竞选团队的邀请下来到现场，见证了这激动人心的一刻。

就职仪式结束后，彼得·彼得森还参加了许多庆祝节目，比如传统的游行、舞会、音乐会，还津津有味地欣赏了好莱坞和百老汇明星云集的精彩表演。当他穿着租来的礼服与萨莉·洪伯根一起站在庆祝的人群中时，他的心中百感交集：从卡尼市来的穷小伙儿，如今真的成了"地道的美国人"！

投身广告业

1953 年 7 月，彼得·彼得森的生活发生了新的变化：他与萨莉·洪伯根在密歇根州马凯特举行了婚礼。

这一次，彼得·彼得森没有告诉父母自己结婚的事情，他认为父母是不会同意他和非希腊裔姑娘结婚的，尤其这还是他的第二次婚姻。如果父母来参加婚礼的话，气氛一定会变得非常糟糕。直到婚礼结束之后，他才打电话告诉了父母这件事。这深深地伤了父母的心，在很长的一段时间里，他们都无法原谅彼得·彼得森。

一年后，他们的第一个儿子出生了，彼得·彼得森为他取名为约翰。但是在那段时间，他又一次暴露了工作狂的本质。

距离萨莉·洪伯根的预产期只有一周时，彼得·彼得森本应寸步不离地陪在妻子身边照顾她，但他却决定趁妻子还未生产时去马里兰州巴尔的摩出个差。谁想到，萨莉·洪伯根的预产期提前了，当她被紧急送进产房时，彼得·彼得森还在巴尔的摩。接到消息后，他赶紧快马加鞭地往回赶，却还是晚了——他到医院的时候孩子已经出生八个小时了。

当彼得·彼得森焦急地走进病房时，妻子的脸上阴云密布，充满怒气。不过，当彼得·彼得森满心喜悦地抱起襁褓中的小约翰时，萨莉·洪伯根的怒气一下子烟消云散。有什么能比得上一个新生命的降临带来的喜悦呢？

孩子出生时，彼得·彼得森已经晋升为他所就职的市场调查公司的副总裁了。比起以前，那时的他已经成熟了很多。他在市场调查和分析上的优异表现引起了外界的很多关注，邀请他去给企业和学校做演讲的请柬从四面八方飞到了他的办公室。这让彼得·彼得森感到非常愉悦，他喜欢这种被公众关注的感觉，就像他非常享受他的工作一样。

这样的关注也为他带来了很多难得的机遇。一天，他刚到办公室，秘书就急匆匆地走了进来，告诉他西德尼·韦尔斯（Sidney A.Wells）给他打来了电话。西德尼·韦尔斯是当时的广告巨头麦肯·埃里克森广告公司(以下简称"麦肯")芝加哥分部的管理者。他打电话来是为了表达对彼得·彼得森的市场调查方法的赞美。

出于对彼得·彼得森的欣赏，西德尼·韦尔斯还邀请他到麦肯芝加哥分部担任市场部经理。除了为彼得·彼得森提供丰厚的工资待遇之外，西德尼·韦尔斯还承诺，一年之内就会升他为副总裁，他将成为麦肯公司甚至是整个广告行业最年轻的副总裁。

这对彼得·彼得森而言是一个极大的诱惑，他毫不犹豫地接受了这份工作。这意味着，他踏入了一个崭新而又充满挑战的行业——广告业。

对广告业，彼得·彼得森可谓一无所知。西德尼·韦尔斯告诉他，市场部经理的职责是调查、媒体和销售，除了调查是他的看家本领之外，媒体和销售他完全不了解。尽管如此，他还是很快就被卷入到了工作的漩涡之中。

没过多久，彼得·彼得森就明白了，为什么麦肯公司会给予他丰厚的报酬，并许诺给他各种令人无法拒绝的条件。因为这一切美好的背后，都需要付出巨大的代价。

麦肯公司芝加哥分部大约80%的利润都来自印第安纳州标准石油公司。标准石油公司是当时的世界首富洛克菲勒旗下的一家公司，全盛时期曾占据了全美95%的石油市场，堪称石油领域的绝对霸主。为了杜绝对市场的垄断，政府出台了《反垄断法》，并根据这一法律裁定标准石油公司是一个垄断机构。于是，标准石油公司被拆分为34家地区性石油公司，印第安纳州标准石油公司就是这34家石油公司之一。

被拆分之后，这些地区性石油公司一下子成了彼此的竞争对手，这给麦肯公司带来了巨大的影响，使其广告来源大幅度减少。因为这些公司不想共用一个广告公司，他们不想让竞争对手了解自己的广告计划，这也是印第安纳州标准石油公司的一大顾虑。因此，他们有意终结与麦肯公司芝加哥分部的合作。

此时，说服他们放弃这个想法，变成了十万火急的事。西德尼·韦尔斯之所以花高价把彼得·彼得森挖过来，正是希望他能完成这个至关重要的任务。

为此，彼得·彼得森亲自拜访了印第安纳州标准石油公司的总裁兼首席执行官阿朗索·皮克（Alonzo W.Peake）。阿朗索·皮克以前在底层油田工作，后来慢慢升为总裁。他为人老派，喜欢用高硬领来映衬自己的性格，是一个不太好相处的人。

彼得·彼得森很快就体会到了这一点，那次拜访对他来说就像是一场噩梦。

当时，他和阿朗索·皮克谈论着他们公司生产的一种叫作"Permalube"的机油。在这之前，他们进行过市场调查，发现车主们最担心的，是机油里的油泥会把车的发动机弄坏。因此，在他看来，这款机油的广告卖点应该是：它是首个添加洗涤剂的机油。而他建议采用的销售方式是：告诉消费者这款机油在汽车开动的时候，可以同时对车的引擎进行清洁。为了证明自己的观点，彼得·彼得森还从自己随身携带的公文包里，拿出了各种各样的表格和数据，这些数据都是他们用最新的调查方法得到的。

然而，阿朗索·皮克根本没耐心听彼得·彼得森讲话，他粗暴地打断了他，傲慢地说："你是在说 Permalube 是最好的机油，对吧？"

彼得·彼得森连连点头："是的，的确是这样的。"

阿朗索·皮克不耐烦地说："那你直接把这当成广告语不就行了？"

于是，麦肯公司芝加哥分部按照阿朗索·皮克说的那样，打出了广告语："Permalube，最好的机油。"

一个月后，坏消息传来：印第安纳州标准石油公司决定停止与麦肯公司芝加哥分部的合作。

这是彼得·彼得森在工作中第一次遭遇滑铁卢。这让他感受到一种深深的挫败感，他甚至开始怀疑自己是不是适合这份工作，也做好了被炒鱿鱼的准备。不过，从麦肯公司纽约总部传来的消息给了他一丝安慰，据说，印第安纳州标准石油公司之所以做出这样的决定，是因为高等法院下达的禁令，与广告的好坏无关。这让深陷沮丧中的彼得·彼得森松了一口气。

在那之后，彼得·彼得森的工作变成了拉客户。他仔细研究了麦肯公司过去向客户宣传推广自己的方式，得出了一个结论：过去，麦肯公司并没有向客户展示自己的创意和独特性，而是将注意力过多投放在麦肯做过的广告、得到的奖项上，而不是放在客户身上。然而，其他的广告公司也有这些特点，也都得过很多奖。这使得麦肯公司在诸多广告公司中显得平淡无奇。

彼得·彼得森决定改变这种推介方式，重点挖掘潜在的客户和他们的消费者，关注他们的需求。这就意味着，在推介自己之前他们要做充分的调查，了解客户的需求，做好事前准备工作。这样一旦签到客户，他们就能抢到先机。

在彼得·彼得森的带领下，市场部开始对客户的产品、目标消费者、品牌形象等进行调查，从而对客户有了详尽的了解，为他们提出很多建设性的意见，不只在广告方面，还包括新产品、包装和推广方面。他们的大部分意见都被客户采纳了，他们的客户越来越多，因为失去印第安纳州标准石油公司这个大客户所带来的损失渐渐地被弥补了。

　　麦肯公司芝加哥分部的危机就这样被成功化解了，彼得·彼得森获得了前所未有的成就感。不过，与他接下来创造的巨大成功相比，这点小小的成就简直是微乎其微。

27 岁的广告公司副总裁

在麦肯公司，彼得·彼得森的晋升速度如同坐了火箭一般。1954年春天，他就当上了麦肯公司的副总裁，负责掌管芝加哥分部。这一切都源于马里恩·哈珀（Marion Harper）对他的赏识。

马里恩·哈珀是麦肯公司的领导者，也是美国广告界的传奇人物。他毕业于耶鲁大学心理学系，一毕业就到麦肯公司的邮件收发室工作。他精力异常充沛，可以每天连续工作 16 个小时。在邮件收发室只待了几个月，他就因为工作出色被调到了调研部，在那里，他提出了很多新颖的见解，比如用"因素分析"对杂志和报纸读者的兴趣进行调查，对"印刷品信息和广播信息对受众的影响"进行研究。马里恩·哈珀的观点应用到实践中后，很快就产生了立竿见影的效果，因此，麦肯公司又将其研究的新方法应用到了广告领域和新生业务中。1946 年，他成为公司副总裁及调研部总监。只用了两年的时间，他就晋升为麦肯公司总裁及首席执行官，当时他只有 32 岁。

彼得·彼得森在芝加哥分部的突出表现引起了马里恩·哈珀的关注，当时他正在物色一个合适的人选来管理芝加哥分部。一天，他打电话给彼得·彼得森，直截了当地问他是否愿意承担这一职责。

这让彼得·彼得森震惊不已，当时的他简直不敢相信自己的耳朵。毕竟，他来麦肯公司只有不到两年的时间，而且当时的他只有 27 岁，他想不明白为什么马里恩·哈珀要让他这样一个经验并不丰富的年轻人来管理芝加哥分部。

马里恩·哈珀没有——列举那些促使自己选择彼得·彼得森的理由，而是打趣地说道："既然我们连标准石油公司这样的大客户都可以失去，还担心什么更大的损失呢？"

在马里恩·哈珀的大力支持下，彼得·彼得森顺利地成了麦肯公司最年轻的副总裁。在很长的一段时间里，他都不敢相信这个事实，毕竟，一个从卡尼来的穷小子在 27 岁时就一跃成为著名广告公司的副总裁，这样的故事听起来仿佛天方夜谭一般。

一开始，副总裁的头衔让彼得·彼得森总感觉不适应，顶着这样的光环，让他有些无所适从。后来，他鼓足勇气向自己的一位朋友请教：副总裁到底意味着什么？那位朋友的回答深深地启发了他："不要背着那么重的包袱，一个公司可能会有好几百个这样的头衔，这并不重要。重要的不是当副总裁意味着什么，而是当不上副总裁意味着什么。"

恍然大悟的彼得·彼得森开始清除脑海中的杂念，专注于自己的新工作。他新官上任的第一把火是加大创意的深度。为此，他在麦肯公司纽约总部物色了一个合适的人才来当创意总监——小切斯特·波西。小切斯特·波西是麦肯公司的资深创意人员，他与彼得·彼得森怀有同样的观点，也认为通过市场调查才能更好地挖掘创意，这两者必须紧密地结合在一起。

他们二人可谓珠联璧合，携手完成了很多出色的广告案例。来窝狗粮公司的广告就是他们的杰作之一。

为了赢得来窝狗粮公司的认可，彼得·彼得森和小切斯特·波西充分利用了他们以市场为导向的广告观点。他们先从市场调查着手，去了解狗主人们是通过什么样的方式来与狗狗建立亲密关系的，他们把自己生活的哪些方面投射到了宠物身上。

在调查中他们发现，很多城市里的狗主人都有一个共同的担忧——担心自己的狗运动量太小，导致过度肥胖。于是，他们便对症下药，将来窝狗粮的亮点提炼为"为缺乏运动的城市狗狗们精心准备的绝佳狗粮"。

在明确了广告主题后，小切斯特·波西制作了一条充满创新精神的广告。广告中，一个肥胖的老头正躺在沙发上看电视，在他的脚下，则躺着与主人一样肥胖的、正在沉睡的狗狗。狗狗正在做梦，在梦里，它变成了一只健壮的、不再肥胖的狗狗，在草地上自由地奔跑，精神十足地越过障碍。

为了让广告达到最佳效果，他们还建议来窝狗粮公司的人在狗粮里多添加一些蛋白质，尽可能减少脂肪的含量。他们还建议混入一些可食用色素，再多加一些肉类，这样消费者们就会理所当然地觉得来窝狗粮的含肉量更高了。来窝狗粮公司接受了他们的建议，对产品进行了改进。

广告投放到市场上之后，一个令人惊讶的变化发生了：来窝狗粮公司的产品赢得了无数消费者的喜爱，它的市场份额也从之前的12%一下子飙升到了17%。

在彼得·彼得森的努力下，原本业绩不断下滑的芝加哥分部一下子成了麦肯公司销售额最高的分部，拓展的新客户比纽约总部还要高。有一个数据令彼得·彼得森骄傲不已——有一年，芝加哥分部新签的合同量占到了麦肯公司在美国的十六家分部总量的3/4！

芝加哥分部的业绩大逆转超出了马里恩·哈珀的预期，他决定亲自到芝加哥分部考察，看看彼得·彼得森是如何做到这一点的。

马里恩·哈珀来到芝加哥分部时，恰好赶上了彼得·彼得森的团队在为腾思防酸剂公司进行广告演示。因为这家公司的广告量巨大，所以成了诸多广告公司竞相争抢的"香饽饽"。彼得·彼得森也对其势在必得。在演示中，他给腾思防酸剂公司的管理者们提了一个建议，让他们设计、生产多种口味的产品，并为那些经常回购的老客户提供特别装，展示出他们对产品和顾客的了解。这个建议打动了客户的心，在演示结束后，他们就决定与麦肯公司合作。

在那之后，芝加哥分部的业绩屡屡突破新高，彼得·彼得森的工作也一直顺风顺水。这让他坚信，他的确找到了能充分发挥自己比较优势的工作。

对麦肯公司芝加哥分部的成绩，彼得·彼得森一直非常骄傲，在他的晚年，他还曾得意地说道：

> 回首往事，我必须毫不谦虚地说，我在广告业做得很好。我在这一领域如鱼得水。这份将分析和创意融合在一起的工作，非常适合我，甚至比我以前从事过的任何职业都要更加适合我。[1]

---

[1] 彼得·彼得森：《黑石的选择》，浙江人民出版社，2018 年。

第四章

直面挑战：要么改变，要么消亡

　　没有人能永远站在时代的巅峰，没有人能违背商业的大潮，虽然伤感，但彼得·彼得森已清晰地预料到，"要么改变，要么消亡"，如果不能及时转型，贝尔·豪威尔公司早晚有一天会被时代淘汰。

离开麦肯

自从亲眼看见彼得·彼得森征服客户的整个过程后，马里恩·哈珀就意识到，让这样一个有才能的人来掌管芝加哥分部或许有些大材小用。1950年，他打电话给彼得·彼得森，邀请他担任自己的高级助手。

当机会来临时，彼得·彼得森从来不会浪费它，他欣然接受了马里恩·哈珀的邀请。马里恩·哈珀有两位助手，彼得·彼得森负责的是管理麦肯公司在中西部地区的分部的工作，另一位助手则负责管理东部地区的分部。除此之外，马里恩·哈珀还让彼得·彼得森进入了公司的董事会。不过，他的办公室仍然在芝加哥分部，他大多数时间在这里办公，有时会到不同的地方管理其他分部。在纽约总部，他也有一个大办公室，但他很少到那里去。

彼得·彼得森再次品尝到了成功的滋味，但这种喜悦并没有持续多久。

事业上的蒸蒸日上没有为他的生活增色，相反，却给他带来了很多苦恼。彼得·彼得森越来越感觉到，自己已经成了工作的"奴隶"，所有时间都被工作所支配。他不停地奔波于各个分部之间，常常是刚从一个地方回来，就又要到另一个地方出差，飞机场成了他最常去的地方。他曾伤感地说："每次我出差回到家中，我都怀疑，我的孩子们是不是还能认出我是他们的父亲。"[1]彼得·彼得森的担忧并不是多余的，有一次，他从外地回到家中，他一岁半的儿子吉姆惊讶地看着他，好像正在想："这是谁啊？"他没有时间陪妻子和孩子们，也很少去探望父母，他的生活完全被高频率的会议计划和出差透支了。

不过，让他下定决心离开麦肯公司的，不是繁忙的工作，而是对马里恩·哈珀的不信任。

一直以来，彼得·彼得森都把马里恩·哈珀视为自己的伯乐，拥护他、信任他，并且愿意尽己所能为其效力。然而，马里恩·哈珀做的几件事却让他开始怀疑这位领导者的人品是否正直善良。

1957年，麦肯公司的利润大幅度降低，为了降低运营成本，公司采取了一系列减少开支的措施，比如，原本高管出差的时候可以坐商务舱，现在只能坐经济舱。为了度过危机，他们还裁掉了一部分员工，以降低人工成本。有一些跟随公司多年立下汗马功劳的老员工也不得不离开了麦肯公司，这让彼得·彼得森感到非常痛苦，但在当时严峻的形势下，除了断臂求生，也没有其他的选择了。

但就在这种窘迫的情况下，马里恩·哈珀却做出了一个令彼得·彼得森难以理解的举动——他要求麦肯公司的采购部门购买一架飞机，而且买的还是一架道格拉斯 DC7 大型商务机。这种飞机能够承载一百多名旅客，但马里恩·哈珀却把它当成了自己的私人飞机，只供他自己使用。

马里恩·哈珀的这种自私奢靡的行为，让彼得·彼得森失望不已。

不过，与马里恩·哈珀所做的另一件事相比，购买飞机已经不算什么了。为了给员工提供更好的生活保障，麦肯公司设立了一个分红制的退休信托基金，使员工们在退休之后仍能过上富足的生活。对大多数麦肯员工来说，这是他们晚年的唯一保障。

---

[1] 彼得·彼得森：《黑石的选择》，浙江人民出版社，2018 年。

　　然而，马里恩·哈珀竟然瞄上了这笔钱。在一次董事会上，他提出了一个议案：把这个退休信托基金的钱套现出来，把这些资金用来购买麦肯公司的股票。在彼得·彼得森看来，马里恩·哈珀的这个想法简直是大错特错，因为广告行业不像实体行业，本来就不稳定，是否盈利完全取决于市场环境和客户。谁能保证麦肯公司的股票一直上涨呢？如果股票一直亏损，这些从信托基金里套现出来的钱岂不是全都打了水漂？而且，把钱全部投在一家公司的股票上，也极大地提高了风险。

　　尤其令彼得·彼得森愤怒的是，当他问起购买的股票由谁来掌控的时候，马里恩·哈珀竟然毫不犹豫地回答他将是基金的受托人。

　　彼得·彼得森马上表示反对。在他看来，这个决定违背了公司对员工的承诺，会让麦肯员工的养老钱遭遇风险，甚至最终有可能打水漂，让麦肯员工老无所依。而对马里恩·哈珀来说，却是完全受益的，他既能通过这种方式得到公司扩张所急需的资金，又能一举把公司的控制权牢牢掌握在自己手中。

　　但遗憾的是，尽管董事会成员有五人，彼得·彼得森却是唯一一个投反对票的人，其他人或表示赞同，或不置可否。在那之后的几个月里，为了说服马里恩·哈珀改变主意，彼得·彼得森费尽心思、磨破了嘴皮，马里恩·哈珀却始终坚持己见，不为所动。

　　让彼得·彼得森彻底绝望的是马里恩·哈珀盗用论文事件。

　　彼得·彼得森撰写了一篇论文，在论文中，他把自己多年来在广告业的心得进行了总结，并详细讲述了他对广告业未来发展的看法，以及麦肯公司在其中扮演的角色和发挥的作用。他认为，在那个年代，市场经济发展如火如荼，企业将会改变过去的营销模式，以客户为导向。广告公司也必须适时发生转变，不能再局限于电视广告的形式，而是要致力于帮助企业改善产品、改变包装以及促进产品销量的提高。在文章中，他列举了很多例子，以佐证自己的观点。

　　彼得·彼得森把这篇文章复印了好几份，分发给同事们看。他的观点充满创新精神，得到了同事们的一致赞同。为了缓和与马里恩·哈珀的关系，彼得·彼得森给他也送去一份，希望他能提一点意见。但马里恩·哈珀什么也没说，就仿佛没看到那篇文章一样。彼得·彼得森天真地以为，马里恩·哈珀不赞同自己的观点，又不想伤害他的感情。

谁知道，不久后的一天，他在看《广告时代》时，却发现上面刊登着自己的文章，作者却是马里恩·哈珀。编辑还特意备注，文章在接下来的几期中会继续连载。

马里恩·哈珀这种卑劣的行为伤透了彼得·彼得森的心，他再也不愿意相信他了，更不愿意与这样的小人共事。

回到家中，他把这件事原原本本地告诉了妻子，萨莉·洪伯根支持他辞职，她说："没事的，现在我们的经济很宽裕，而且你有很强的能力，即使辞职了，你也会很快找到一个更好的工作。"

当时麦肯公司恰好举行全球管理层会议，那时麦肯公司已经日益发展壮大，在全球十多个国家设立了分部，这次会议所有的管理层都会来参加。为了参加这次会议，彼得·彼得森也从芝加哥赶到了纽约总部。不过，在会议开始之前，马里恩·哈珀与他先见了一面。

彼得·彼得森原本以为，马里恩·哈珀与他会面，是为了盗用文章的事向他道歉，但令他意想不到的是，马里恩·哈珀连提都没提这件事，就仿佛一切都没发生一样。马里恩·哈珀极为夸张地列举了彼得·彼得森在麦肯公司做出的成就，并表示他会在接下来的会议上发表一个声明，任命彼得·彼得森做麦肯公司的总裁，而他自己则担任董事长。

彼得·彼得森看着自说自话的马里恩·哈珀，就像在看小丑的滑稽表演一样。等到他终于结束自己滔滔不绝的演说后，彼得·彼得森坚定地拒绝了他。马里恩·哈珀震惊极了，或许他从没想到彼得·彼得森竟然会放弃这个千载难逢的机会。

全球管理层会议随后召开，在会上，马里恩·哈珀首先发表了一个个人演讲，然后，他说他将会逐渐退出麦肯公司的舞台，由更有才能的人来领导这个公司，他早已物色好了这个人选。紧接着，他缓缓说出了彼得·彼得森的名字。

　　这个消息让现场一片轰动，所有人都欢呼起来，人们纷纷向彼得·彼得森道贺，马里恩·哈珀还让他来到演讲台上说几句。这让彼得·彼得森更加愤怒，他不明白马里恩·哈珀为什么如此一意孤行，在他看来，这正说明了马里恩·哈珀的狡猾奸诈与刚愎自用，也说明了他离开麦肯公司的决定是无比正确的。

　　在这次会议结束后不久，彼得·彼得森就果断地离开了麦肯公司。正是从那时起，他为自己制定了一个原则："以后再也不在一个我不信任、不敬仰、没有共同价值观的老板手下工作了。"[1]

［1］彼得·彼得森：《黑石的选择》，浙江人民出版社，2018 年。

送上门的难得机遇

辞职之后的彼得·彼得森没有急于寻找新的工作，而是与家人们一起度过了一段悠闲的生活。过去的这些年，他一直不分昼夜地拼命工作，已经很久没有休息了，更没有时间陪伴妻子和孩子。趁这段时间，他带着一家人去海边度假，享受着久违的轻松与安逸。

不过，陪伴家人的时光虽然快乐无比，彼得·彼得森的心中却仍有一丝不满足。作为一个不折不扣的"工作狂"，他非常享受忙碌的工作带给他的充实感，享受工作中的权力带给他的掌控一切的快感。突然闲下来，令他感觉有些无所适从。于是，从海边回来之后，他就开始准备求职信，打算踏上新的征程。

就在这时，一个难得的机会自己送上门了。

贝尔·豪威尔公司的董事长查克·珀西（Chuck Percy）得知彼得·彼得森失业的消息后，向他抛出了橄榄枝。彼得·彼得森与查克·珀西是校友，都毕业于芝加哥大学商学院，查克·珀西还是商学院的董事，对彼得·彼得森在学院里的营销课教学有所耳闻。

不过在 1951 年之前，他们并无交集。直到那一年彼得·彼得森参与德怀特·艾森豪威尔的总统竞选活动，两个人才得以结识。他们都是德怀特·艾森豪威尔的支持者，查克·珀西非常欣赏彼得·彼得森对德怀特·艾森豪威尔好感度的调查。他年轻有为，虽然只比彼得·彼得森大十岁，却已经担任贝尔·豪威尔公司的董事长兼首席执行官八年之久。彼得·彼得森曾经用"传说"来形容查克·珀西。

查克·珀西任职的贝尔·豪威尔公司是一家老牌的制造商，专营教学用电影器材、缩微胶卷和视听投影仪。第二次世界大战期间，公司曾将生产的摄影机改造成军用，这之后又积极扩大公司消费类产品生产线。

贝尔·豪威尔公司是麦肯公司的客户，因为这层关系，彼得·彼得森对这家公司非常了解，与查克·珀西的关系也越来越密切，有时，他会到查克·珀西家与他一起打网球，中场休息时他们会谈论一些产品开发和推广的问题，他提出的很多意见都得到了查克·珀西的认同和采纳。比如，彼得·彼得森曾经建议，贝尔·豪威尔公司应该投入更多的资源与那些重量级大摄影机交易商建立合作关系，因为他们销售的都是高利润、高品质的产品，这有利于提高贝尔·豪威尔的利润。或许正是因为彼得·彼得森常常会说出这样的真知灼见，查克·珀西才产生了把他纳入麾下的想法。

彼得·彼得森离开麦肯公司的消息传到查克·珀西那里后，他高兴不已。因为求贤心切，他干脆派了一架私人飞机，把彼得·彼得森接到自己在凯尼尔沃思湖畔的家中。与彼得·彼得森见面后，他什么客套话也没说，开门见山地邀请彼得·彼得森到贝尔·豪威尔公司担任第二执行副总裁的职务，并且直截了当地开出了自己的条件：彼得·彼得森可以进入董事会，还可以得到10%的加薪以及丰厚的股票期权。

查克·珀西的邀请出乎彼得·彼得森的意料。他在广告行业摸爬滚打多年，已经小有名气，他原本打算继续在这一行谋职，但查克·珀西却认为他并不适合广告业，而应该尝试一下制造业。

经过一番长谈后，彼得·彼得森决定接受查克·珀西的邀请。后来，他曾解释过自己为什么会做出这样的选择：

能跟珀西一起工作是一件非常幸运的事，当时他在企业界已经很有名望，这不仅是因为他在商业上所取得的辉煌成就，更因为他对社会政策的高瞻远瞩。我知道，民主运动还未见端倪时，贝尔·豪威尔公司就已经是美国聘用少数移民后裔的排头兵了，而且进入贝尔·豪威尔公司的董事会后，我就能与一些芝加哥的商界大佬们建立密切关系了，比如联合航空公司、西尔斯、罗巴克和内陆钢铁公司这些企业的首席执行官。[1]

1958 年 5 月 21 日，彼得·彼得森正式到贝尔·豪威尔公司报到。他发现，自己的新公司与麦肯公司截然不同。

贝尔·豪威尔公司位于芝加哥同埃文斯顿的交界处，从表面上看去，这家公司平淡无奇，但内部却别具一格。比如，管理者们的办公室被设计成了斯巴达风格，只有一扇窗户，可以看到外面的停车场。办公楼内有一间小屋，地面铺着油地毡块，窗户上配着铝百叶窗，主管们就在这里用餐。旁边有一座大型加工厂，那是珀西刚刚建的，几千名工人就在那里装配贝尔·豪威尔的电影视听设备，整套设施面积大概有 14 万平方米。如此庞大的公司让彼得·彼得森第一次感受到了效率的重要性。

作为第二执行副总裁，彼得·彼得森是贝尔·豪威尔公司的三把手。对自己刚到贝尔·豪威尔公司时的工作状态，彼得·彼得森曾经这样说过："我简直是一问三不知。"虽然在广告业他已经称得上是一个专家，但在制造业，他完全是个新人，他只知道创造高质量产品并将其大批量生产出来需要很多步骤，却对具体应该怎么做一点儿都不了解。

对这个空降来的外行高管，贝尔·豪威尔公司的工程师们也很不放心。他们总是不厌其烦地为彼得·彼得森演示他们的产品，手把手地帮助他尽快熟悉这些产品。彼得·彼得森总是自嘲说自己用起电子器材来"就像是一个笨蛋"，但很快，他就从自己的这一劣势中找到了可以利用之处：他可以作为"小白鼠"来评测贝尔·豪威尔公司的相机，

---

[1] 彼得·彼得森：《黑石的选择》，浙江人民出版社，2018 年。

如果他用起来有问题，设计人员就要赶紧继续完善，从而使像他这样对电子器材一窍不通的普通消费者都能轻松使用他们的产品。

由此，彼得·彼得森总结出了一个产品开发的新概念，他将其称为"发明问题"。在市场调研中，他学到这样的道理：找到正确的问题，对制造出能满足消费者需求的产品是大有帮助的。

这一点很快就在贝尔·豪威尔的产品设计中发挥了巨大的作用。20世纪50年代末，电视节目刚刚风靡美国，体育频道备受大家的欢迎。于是彼得·彼得森问贝尔·豪威尔的设计师们，能不能在相机中嵌入体育频道的某些技术？

设计师们马上开始思考这个问题，其中一个设计师想到可以把慢动作功能加到相机中。这让彼得·彼得森眼前一亮，他想象着用慢镜头一帧帧拍出孩子们小心翼翼迈出人生的第一步，想象着与家人相聚时的快乐时光被记录下来，越想越觉得这是一个非常棒的建议。

这款嵌入了慢动作功能的相机最终被命名为 Zoomatic，刚一问世就在市场上引起了强烈的反响，受到了消费者们的追捧。不仅如此，这款相机还记录下了美国历史上最悲惨的现场之一——1963年11月22日，时任美国总统的肯尼迪与妻子一起乘飞机到达克萨斯州达拉斯市进行访问，他们乘汽车从机场去达拉斯市区，准备在那里发表一篇演说。然而，就在当天中午，肯尼迪遭到刺杀。狂热的业余电影拍摄者亚伯拉罕·扎普鲁德就是用它拍下了当时的清晰画面。

在彼得·彼得森的领导下，像这样的技术创新在贝尔·豪威尔公司层出不穷，他们的产品也因此在市场上得到了认可。但擅长营销的彼得·彼得森知道，只靠这一点是远远不够的，他们还需要从其他方面来提高利润。

经过一番研究后，彼得·彼得森发现了令人惊讶的一点：贝尔·豪威尔公司的固定成本非常高，而且很难削减。因为不论他们的产品销量是一千台还是一百万台，厂房、生产机器等设施的成本都是一样的。

既然成本无法削减，就只能从销量上想办法，彼得·彼得森由此提出了一个"盈利伙伴"计划。他向贝尔·豪威尔公司的重点经销商们解释了他们的成本结构，并告诉他们，如果其销量高出贝尔·豪威尔公司的计划水准，他们就可以从盈利中分一杯羹。销量如果超出前一年，就有机会以贝尔·豪威尔股票形式得到分红。如果成为公司股东的话，他们的利益就与公司的盈利和未来产生了直接的关系。

彼得·彼得森希望通过这一计划充分调动经销商们的积极性，使他们更用心地销售贝尔·豪威尔的产品，使销量得到显著的提升。这样的激励计划在如今非常常见，但在 20 世纪 50 年代末期，却是首开先河之举，这充分证明了彼得·彼得森在市场营销方面的卓越才能。

如他所料，这个被称为"盈利伙伴"的计划创造了一个奇迹。1958 年，尽管当时经济很不景气，贝尔·豪威尔公司仍然创造了令人惊叹的业绩，其产品销量如同坐上火箭一般有了大幅度提升，公司的盈利也节节攀升。

创新的力量

彼得·彼得森一直在身体力行地以创新的力量改变着贝尔·豪威尔公司。备受关注的《贝尔·豪威尔特写镜头》正是他的杰作之一。

《贝尔·豪威尔特写镜头》的问世源于一个偶然。1958 年年底的一天，彼得·彼得森陪孩子看电视时，发现其中一个频道正在播放纪录片。这个纪录片深深地吸引了彼得·彼得森，他马上锁定了这个频道。

在观看这个纪录片时，一个疑问渐渐浮上了彼得·彼得森的心头：为什么哥伦比亚广播公司会选择在星期六的早上播放纪录片？通常来说，这个时间段大部分频道播放的是卡通节目，因为在这一时段，成年人大多非常忙碌，只有孩子们才会津津有味地坐在电视机前看电视。

他一边看电视，一边思考这个问题，这时，他想起了几个月前哥伦比亚广播公司的著名主持人爱德华·默罗（Edward R.Murrow）发表的一番演讲。当时，爱德华·默罗慷慨激昂地对各大电视广播公司进行批判，斥责他们把周末重要的新闻节目砍掉，取而代之的是一些毫无营养的垃圾节目。他主持的公共事务系列节目《现在请看》就是一个受害者。这个节目因为质疑参议员约瑟夫·麦卡锡推动的政治迫害而引起了美国民众的关注，但由于赞助商美国铝业公司的中途退出，这个节目已经被智力竞赛节目《64000 美元问题》取而代之。

一个想法在彼得·彼得森的心头萌生：或许贝尔·豪威尔也可以与广播电视公司合作？

在这之前，彼得·彼得森一直为公司广告的事情担忧。贝尔·豪威尔公司的广告费有限，因此他们只能在播放牛仔剧和侦探剧的时候做广告，而他们的主要竞争对手柯达赞助的却都是迪士尼系列电影这样的大型剧目。彼得·彼得森一直担心，这样的广告投放策略会影响观众对贝尔·豪威尔公司的认知。

回到公司后，彼得·彼得森马上把自己的想法告诉了查克·珀西。他提出赞助一个公共服务节目，贝尔·豪威尔公司会承担全部的制片费，而节目组可以拥有完全的编辑自主权，但节目必须在黄金时段播出，而且必须取名为《贝尔·豪威尔特写镜头》。

这个新颖的想法让查克·珀西陷入了沉思之中。不过，出于对彼得·彼得森的信任，他思索再三最终还是同意了。

接下来是选择赞助对象，经过仔细比较和慎重考虑后，彼得·彼得森选择了哥伦比亚广播公司，因为在美国的三家大型广播公司中，哥伦比亚广播公司的理念相对比较前卫。这家广播公司的总裁叫作弗兰克·斯坦顿（Frank Stanton）。在哥伦比亚广播公司的纽约总部，当彼得·彼得森向弗兰克·斯坦顿阐述了自己的想法后，对方毫不犹豫地表示了赞同。不过，他们也提出了一点意见，那就是节目的名字必须是《CBS报道》，由贝尔·豪威尔赞助推出。

弗兰克·斯坦顿的态度非常坚决，彼得·彼得森虽然不想妥协，却也别无选择。

1959年10月27日，由爱德华·默罗主持、"贝尔·豪威尔赞助推出"的《CBS报道》正式播放。

这个节目关注的都是社会热点问题。比如，第一期节目介绍的是火箭的诞生。那个年代，美国正与苏联开展激烈的太空竞赛，公众对火箭有着前所未有的关注。爱德华·默罗详细介绍了火箭从早期制造到最终发射的整个过程。节目还播放了火箭在发射的几秒钟后突然失去控制继而坠毁的情景，这既让观众欣赏到了惊险的一幕，也了解到了火箭制造是多么困难。节目播放后，很多人都给节目组寄来了感谢信。

但也有一些节目引起了人们的非议与批判。比如，在其中一期节目中，来自巴黎圣母院的神父特德·赫斯伯格（Ted Hesburgh）与来自旧金山圣公会的主教詹姆斯·派克（James Pike）针对流产问题展开了激烈的辩论，公众对此反响强烈，褒贬不一。节目播出后，充满恶意的信件像雪花一样涌向哥伦比亚广播公司。节目的另一个赞助商古德里奇公司因此停止赞助，而彼得·彼得森却从未打退堂鼓。

彼得·彼得森的选择是对的，在这之后不久，舆论就发生了大逆转，这个节目收到的赞扬与肯定逐渐超过了对它的指责。贝尔·豪威尔公司的品牌形象得到了大幅度提高，知名度也越来越大，随之而来的，是市场占有率的逐渐攀升。

因为广告预算不多，因此，贝尔·豪威尔公司只赞助了九期节目。虽然从数量上来说并不多，但因为彼得·彼得森独特的品位，这些节目却给观众留下了深刻的印象，也让很多业内人士赞赏不已。

紧随而来的危机

一天，哥伦比亚广播公司董事长詹姆斯·奥布里（James Aubrey）给彼得·彼得森打来电话，邀请他到纽约会面。詹姆斯·奥布里要告诉他的是一个坏消息，他对彼得·彼得森说，《CBS 报道》获得了观众的喜爱，也赢得了政府的关注。因此，哥伦比亚广播公司想推出更多这一类型的节目。他们明年会把节目增加到 39 期，每个星期都会挑选一个黄金时段播出一期，他希望贝尔·豪威尔公司继续赞助，并且把赞助额增加到 450 万美元。

詹姆斯·奥布里的话让彼得·彼得森既震惊又愤怒。詹姆斯·奥布里实在是太贪婪了！他们已经把所有的广告预算都用来支持哥伦比亚广播公司的节目了，哪怕再多一期节目都超出他们的能力范围。对此，詹姆斯·奥布里心知肚明，却仍然狮子大开口，这种行为违反了他们原有的协议，他果断地拒绝了。

贝尔·豪威尔公司停止赞助《CBS 报道》的消息很快就传得沸沸扬扬。詹姆斯·奥布里原本以为，他的得力手下们很快就能找到新的赞助商，但事与愿违，自从贝尔·豪威尔公司退出后，没有一家赞助商愿意承担如此巨额的赞助费。詹姆斯·奥布里真是搬起石头砸自己的脚，因为找不到赞助商，哥伦比亚广播公司只能自己承担 39 期节目的制作成本。

此时的彼得·彼得森也面临着一个难关：因为失去了《CBS 报道》这个媒介，贝尔·豪威尔公司的品牌宣传不得不从零开始。

幸运的是，幸运女神再次光顾了他，很快他就得到了另一个千载难逢的机遇。美国广播公司的总裁奥利·特雷斯（Ollie Treyz）打来电话，希望与贝尔·豪威尔公司合作。

当时，在传媒行业，哥伦比亚公司和美国广播公司是当之无愧的领导者，但美国广播公司因为实力较弱排在了第三位。为了后来居上，美国广播公司希望推出像《CBS报道》这样的纪实节目来提高关注度和美誉度，吸引更多的观众，甚至博取联邦通信委员会和国会的关注。

奥利·特雷斯非常真诚地希望与贝尔·豪威尔合作，并且提出了一个让彼得·彼得森非常心动的提议：美国广播公司以《贝尔·豪威尔特写镜头》为名播出29集纪录片。不仅如此，美国广播公司还会把英国首相温斯顿·丘吉尔写的《第二次世界大战回忆录》拍成系列纪录片，节目将由著名主持人理查德·伯顿主持。对此，贝尔·豪威尔公司只需赞助60万美元即可。

这个提议让彼得·彼得森无法拒绝。就这样，贝尔·豪威尔公司成了黄金时段播出的《贝尔·豪威尔特写镜头》节目的赞助商。

《贝尔·豪威尔特写镜头》接连推出了很多优秀的纪录片，比如，在《假如你是我》中，黑人在美国的艰难处境被真实地展现出来，引导着很多人重新认识种族歧视，这个短片赢得了很多顶级奖项。

如同之前赞助《CBS报道》一样，《贝尔·豪威尔特写镜头》的部分节目因为主题过于敏感也受到了舆论的批评，但这并没有对贝尔·豪威尔公司造成什么负面影响，这一点从不断攀升的营业额就可以窥见一斑。

彼得·彼得森常把自己的成就归因为"幸运"，他曾说："我的一生中常常有这样的运气，这种运气令我的生命更加灿烂。"[1] 事实上，真正让他的生命更加灿烂的，不是运气，而是对机遇的巧妙把握，是日复一日的积累，更是持之以恒的努力。

---

[1] 彼得·彼得森：《黑石的选择》，浙江人民出版社，2018年。

冒险的营销试验

痴迷于工作的彼得·彼得森每天都在想如何提高贝尔·豪威尔产品的销量，就连晚上睡觉时大脑也在思考。但在很长的一段时间里，他仿佛进入了一个瓶颈期，始终无法想出好点子，这让他苦恼不已。

让他意想不到的是，偶然间遇到的一个男人，竟然神奇地引导他打开了思路，让他开始了一次冒险的营销试验。

一次，彼得·彼得森去参加一个摄影展，一个男人认出了他，走过来与他攀谈起来："彼得森先生，我有一个很好的建议，但你们公司的市场人员好像根本不愿意倾听别人提的意见，您是否愿意听我讲一讲？我想，这或许会对你有帮助。"

彼得·彼得森停下来，让他说说自己的想法。

"直接邮递。"那个男人说道。

这个男人的想法让彼得·彼得森感觉很荒谬，于是他应付了几句就要离开。谁知道，那个男人竟然伸出了胳膊，直接把他拦了下来。彼得·彼得森只好耐下心来，听他继续讲下去。

多年后，彼得·彼得森仍为自己当初的选择感到庆幸，如果他坚持离开，或许就听不到那个男人所说的令人惊叹的营销创意了。他建议彼得·彼得森用直邮的方式销售拍摄器材组合包，这个组合包里的物品可以随机搭配，比如可以放上一台照相机、一架投影仪、一张屏幕，加上接片机和动画电影，然后再放入几个免费的胶卷。他说这种方法的有效性已经得到了证明，因为他已经通过这种方式销售了几十万个电力工具包，如果贝尔·豪威尔公司采取同样的方式，销量一定会大增。他可以帮助贝尔·豪威尔公司决定这个拍摄器材组合包的内容，也会帮他们拿到最好的邮件发送单，只要彼得·彼得森答应他从中抽取一定的提成。

"这些都是我在销售电力工具的时候总结出来的经验。"这个男人说，"如果你想把一个电钻卖给消费者，必须让他亲身使用一下它，让他知道这个电钻是多么好用；如果你想把一把圆锯卖给消费者，也必须让他们拿到手里，用用试试，卖什么东西都是一样的。但现在我们卖东西的时候却完全不是这样的，你应该听听我的意见，你也可以不采用我刚才说的组合方式，采取更丰富的多种包装组合，然后让消费者告诉你他们喜欢什么，再继续优化这个组合包。"

他的这番话让彼得·彼得森深受触动，在大多数营销和广告项目中，商家都是从自己的角度进行推广的，却不知道消费者的需求是什么，不知道市场会做出什么样的反馈。尽管诸多企业为它们的产品做出了承诺，但这个承诺却并非消费者所需要的。而这个男人的建议，却可以让商家直接获得市场反馈，这会促进产品的改进与市场的良性循环，使产品销量得到根本性的提升。

回到公司后，彼得·彼得森马上把这一观点分享给了团队中的其他人。有些人愿意尝试一下这种新鲜的销售方式，而大多数有商学院学历的营销人员则表示坚决反对，在他们看来，这种销售方式实在是太"奇怪"了。他们认为销售电影摄影机和投影机必须由销售人员来实行。如果顾客想要验证机器，则必须由专业人士向他们展示如何使用。这之后的几个月里，针对此事，他们一直在不停地进行讨论，每次讨论都没有结果，总是各持己见、互不相让。

反反复复的讨论令彼得·彼得森越来越厌烦，他意识到，这样继续下去，无论讨论多久都不会有一个明确的结果，而机会很有可能就此溜走。与其无休止地讨论去不去做这件事，不如先迈出第一步，做做试试，或许可以由此发现一片新天地。

于是，他不顾团队中其他人的反对，找到了那个男人，问他是否愿意与贝尔·豪威尔公司合作，先选择一种组合包进行直邮试试水。为了试探他是否对这种销售方式充满信心，彼得·彼得森要求他承担这次实验的一半费用。这个条件是很苛刻的，但那个男人思索再三，最终还是同意了。

就这样，一场颇具冒险性的营销试验轰轰烈烈地展开了。

首先要确定的是家庭拍摄套装的受众，经过调查，他们选择了那些有孩子的中产家庭作为目标对象，因为只有这样的人才会有需求、有能力购买家庭拍摄组合包。他们把家庭拍摄套装的价格定为200美元，为了吸引更多的人购买，他们承诺如果顾客不喜欢可以退货。不过，为了降低退货率，他们还提出了一个限制条件：如果想要全额退款，购买者不但要退回家庭拍摄套装中的全部设备，还要把使用过的胶卷也一起退回。

事实证明，这一招是行之有效的，因为对顾客来说，这些胶卷记录了家庭成员在一起的温馨时光，这是弥足珍贵的，这些时光一旦逝去是无法重温的。因此，很多人在打算退回设备时，一想到这一点，就会选择放弃。

这次冒险的营销试验，最终取得了巨大的成功。仅1961年这一年，通过直邮销售的方式售出的拍摄器材就占了贝尔·豪威尔公司全年销售业绩的五分之一。

起初，彼得·彼得森担心直邮销售的火爆会使经销商们不满，但后来他发现这种担心是完全没有必要的。因为这些顾客在使用了通过直邮销售的低端产品后，对贝尔·豪威尔公司的产品逐渐产生了信任和依赖性，很多人开始到店里去购买更高级的摄影设备，经销商们的业绩也因此得到了提升。

试水成功后，彼得·彼得森又把直邮销售的方式应用到公司的其他产品中。后来，这种全新的营销方式成为贝尔·豪威尔公司的一个重要的收入渠道，也帮助他们极大地开发了家用摄影市场。

这就是彼得·彼得森的做事方式。晚年的彼得·彼得森总结自己的人生经验，其中一条就是"不要等，要采取实际行动"：

> 对于我来说，最重要的是投入，并试着采取实际行动。这就意味着尝试改进或改善我认为值得努力的境况，还有尝试改变我认为需要被改变的事情。[1]

或许，正是凭借着这种超强的执行能力，彼得·彼得森才会一次次创造出新的机遇，一次次化不可能为可能。

---

[1] 彼得·彼得森：《黑石的选择》，浙江人民出版社，2018 年。

媒体的宠儿

在麦肯公司，彼得·彼得森只用了一年的时间就成了副总裁，而在贝尔·豪威尔公司，他仍然保持着超乎寻常的升迁速度。

1961 年春天的一天，查克·珀西决定辞去贝尔·豪威尔公司总裁这一职位，他希望彼得·彼得森能接替他引领公司继续向前发展。

彼得·彼得森从没想到自己会成为贝尔·豪威尔公司的总裁。那时，他只有三十多岁，加入贝尔·豪威尔不到三年，在公司里没有根基，从这个角度来说，他并不是总裁的最佳人选。但查克·珀西却坚持认为，他能够胜任这个工作。

对查克·珀西的知遇之恩，彼得·彼得森一直感念于心。在他的自传《黑石的选择》中，他曾颇为感慨地说道：

> 在我人生的关键时刻，我发现不时会有人为我预备着某个董事会的职位——不管是营利还是非营利组织，或者为我的公司带来新的业务，因为在上述这些领域中，他们曾经和我并肩作战。[1]

成为贝尔·豪威尔公司的总裁后，媒体那些闪耀的闪光灯纷纷聚焦于彼得·彼得森。每天，都有无数记者打电话给他，希望对他进行采访。

---

[1] 彼得·彼得森：《黑石的选择》，浙江人民出版社，2018 年。

有一次，当他回到家中，发现有一个摄影记者一直等在他的家门口，只为拍一张他的照片。

贝尔·豪威尔总裁的名头的确为彼得·彼得森加上了不少光环，比如，1961 年青年商会曾授予他"1961 年美国十佳杰出青年"称号。1962 年，《生活》杂志又将他评选为美国 100 位 40 岁以下最有影响力的人物之一。

彼得·彼得森并未因媒体的关注而陶醉不已，在接踵而来的荣耀面前，他仍然保持着清醒，因为他知道，成为贝尔·豪威尔公司的总裁，并不意味着什么，未来任重而道远。

当时的他还清醒而敏锐地意识到贝尔·豪威尔公司即将面临的危机。有一次，彼得·彼得森到家中的储藏室找东西，他发现储藏室的货架上堆积着很多电影胶片，他们已经很久都没有用过这些胶片了。家中的投影仪上也一直盖着保护罩，上面已经积满了灰尘。原来他们经常会用这个投影仪，而现在它却被随意地丢弃在车库的一角。过去，人们都认为自己拍摄家庭视频是一件非常有趣的事，但随着时代的发展，人们对此已经渐渐失去了新鲜感，越来越多的人像彼得·彼得森一家一样，把电影胶片和电影放映设备丢到一边，任由其覆满灰尘。

一种危机感涌上彼得·彼得森的心头。为了验证自己的直觉是否准确，彼得·彼得森雇用了一家市场调查公司，来追踪调查贝尔·豪威尔公司在市场上的占有率以及家用摄影市场的总体情况。调查的结果果然如他所料，不只是贝尔·豪威尔的市场占有率大幅度下降，整个家用摄影市场都在以一种令人惊讶的速度收缩。更令他暗叫不妙的是，很多以低成本、高技术含量而知名的日本企业也开始瞄准了这个市场，比如在高端相机市场销量第一的佳能公司。这些公司就像一个蚕食者，不断地瓜分着家用摄影市场。

彼得·彼得森意识到，虽然在他的领导下，贝尔·豪威尔公司尚能竭力维持每年的利润增长局面，使股票价格处在高位，但从长远来看，核心的摄影器械生意的衰退和来自国外的残酷竞争是不可避免的。

这意味着单纯靠节省开支的措施或效率增益并不能维持公司的发展，必须开发其他相互补足的领域，进行多样化经营。

为了拓展贝尔·豪威尔的发展空间，彼得·彼得森想了各种各样的方法，甚至选择与来自日本的竞争对手合作。他们与佳能公司开展了一个合资项目，由佳能公司来制造特定型号的照相机，用来弥补贝尔·豪威尔公司生产线的不足，贝尔·豪威尔公司则负责这些照相机的销售。这些产品中，一些标明了是佳能公司的产品，另一些则挂着"贝尔·豪威尔&佳能"的牌子。这是一个双赢的项目，在合作期间，佳能公司与贝尔·豪威尔公司的销量和市场占有率都得到了明显的提升。

但彼得·彼得森知道，这不是长久之计，因为佳能公司不可能永远借助贝尔·豪威尔的品牌，他们有更大的野心——提高佳能品牌的知名度，直接向美国消费者推销他们的产品。后来的事实证明，彼得·彼得森的预测是对的。

到 1963 年，彼得·彼得森已经做了两年的总裁，对这份工作，他已经是驾轻就熟了。就在这时，另一个重担落到了他的肩膀上——为了竞选美国伊利诺伊州州长的职务，查理·帕西决定辞任贝尔·豪威尔公司首席执行官，他要求彼得·彼得森继任这一职位。

彼得·彼得森义不容辞地答应了查理·帕西的要求。彼得·彼得森知道这意味着什么，后来他说："从那之后，我要为这家公司以及公司里的一万五千多名员工负责。我要承担的责任很重大，我必须为他们提供足够的工作岗位，必须保持公司股票价格的稳定。然而这很难，因为当时贝尔·豪威尔公司最大的业务家用摄影仪器的市场表现已经越来越差，市场占有率也日益降低。"

危机日益凸显，彼得·彼得森肩上的担子越来越重，"我越来越感到公司职责给我带来的疲惫"，这种从身体到心灵的疲惫让他难以承受，但他仍在努力坚持着。

在困境中寻找希望

在日本企业和新兴电子产品的双重打击下，贝尔·豪威尔公司日益衰落。为了突破困境，彼得·彼得森一直在努力引领贝尔·豪威尔公司继续向前发展，为其寻找新的发展机遇。

正所谓"无心插柳柳成荫"，1967年的一天，在报纸上无意看到的一条新闻让彼得·彼得森嗅到了市场机遇的味道。

这条新闻的内容很简单：宝丽来公司的摄影仪器并不是由自己生产的，而是由其他厂商代工的。但就是这简单的只言片语，却让彼得·彼得森的心中灵光一闪。他想：如果贝尔·豪威尔公司与宝丽来公司合作，就可以得到大笔订单，从而扭转颓势。

他开始思索如何才能与宝丽来合作，很快他就发现，要想做成这件事，必须要征服一个人，他就是埃德温·赫伯特·兰德（Edwin Herbert Land）。

埃德温·赫伯特·兰德是宝丽来的创造者，是传统摄影器材制造领域的传奇人物。上哈佛大学一年级时，他就厌倦了枯燥的学生生活，辍学专攻他着迷的化学和光学方面的发明，最终发明了偏光镜片和偏光胶片，后来这两项发明为他带来了无尽的名誉和数不胜数的财富。他一生共获得535个专利，仅次于托马斯·爱迪生，是少有的以毕生经历投身于创新事业的科学家。20世纪30年代，他成立了宝丽来公司。1941年，他发明了后来被广泛使用的立体电影拍摄法，并开始研究即时显影的胶片。1947年，他又发明了一种能在60秒钟拍摄出一张完整照片的照相机，名为波拉罗·兰德照相机。这款相机刚一问世，就引起了巨大的轰动。虽然埃德温·赫伯特·兰德从未得到过任何正式的学位，却收到了来自哈佛、耶鲁、哥伦比亚等诸多大学的荣誉学位，人们都将其称为"兰德博士"。

在20世纪60年代，兰德博士一直想进军傻瓜相机市场，但在当时，这个广阔的市场一直被柯达布朗尼相机所垄断，其他厂商根本无法进入。彼得·彼得森意识到，宝丽来公司也需要贝尔·豪威尔公司，因为他们可以为兰德博士生产这类相机。

彼得·彼得森从不打无把握之仗。因此，在与兰德博士联系之前，他做了一些调查，进行了充分准备。他拍了两张照片，第一张照片中，一个人正在参加聚会，他拿着一个35mm的静物照相机到处拍照；而在另一张照片中，一个参加聚会的男人使用的是宝丽来的相机。彼得·彼得森让他手下的销售人员观察这两张照片，并且说说他们的观感。

这一次，大家的意见难得的一致：他们都认为那个拿着35mm静物照相机的人看起来很可笑，他完全沉醉在自己的拍摄行为中，却丝毫意识不到这样的行为对聚会造成了扰乱，因为他经常让人们停止吃东西或聊天，摆姿势配合他拍照。而那个宝丽来相机使用者却非常棒地拍下了人们相聚的开心与欢乐，并且他拍的照片马上就可以拿出来与大家分享，使聚会更加热闹。最后，他们得出了一个结论：使用宝丽来相机有利于提高社交气氛，而使用35mm静物照相机却只能起到破坏气氛的作用。

这个结论非常有趣，它让彼得·彼得森有了说服兰德博士的底气。随后，他便给兰德博士在马萨诸塞州剑桥市的办公室打电话，希望与他见一面。令他高兴的是，兰德博士同意与他会面。

宝丽来公司与麻省理工学院毗邻，多年后再次回到这个熟悉的地方，让彼得·彼得森百感交集。他曾庆幸自己逃离了这所不适合他的知名大学，但故地重游仍让他感受到一种难言的悲伤。

在兰德博士的办公室里，彼得·彼得森见到了这个传奇人物，并且很快就对他产生了好感。兰德博士很健谈，他不但风趣幽默，还很有智慧。更难得的是，他一直保持着蓬勃的好奇心，无论聊什么话题，他都充满兴趣。

彼得·彼得森向兰德博士展示了那两张照片，告诉他销售员们对这两张照片的反应。果然，如他所料，兰德博士赞同他们得出的结论，并针对这一话题与他进行了热烈的讨论。在讨论过程中，彼得·彼得森小心翼翼地透露了自己的合作意向，但兰德博士并未当场给他答复。

在忐忑不安中煎熬了一个星期后，彼得·彼得森终于接到了兰德博士的电话。兰德博士同意与贝尔·豪威尔公司合作，他们将共同推出新款宝丽来 Swinger 相机，定价不到 20 美元。根据兰德博士的估计，这款相机一年能卖几百万台。为了证明自己所说的是真的，兰德博士还邀请彼得·彼得森到宝丽来公司对 Swinger 相机原型进行考察。

在兰德博士的办公室，彼得·彼得森亲眼见到了 Swinger 相机的原型。在试用它的过程中，他发现这款相机有一个缺点：在拍照的时候需要用户小心翼翼地进行聚焦，如果不这样做的话，拍出来的照片就会非常模糊。他认为用户很有可能会忘记聚焦。

此时的他面临着一个两难的选择：是否告诉兰德博士这一点？他担心指出这款相机的不足会引发兰德博士的不满，甚至影响到双方的合作。

思考再三，他还是真诚地告诉兰德博士，他认为这一点对 Swinger 相机是不利的。兰德博士沉思了一会儿，然而就拿着相机径直走出了办公室，只留下一脸愕然的彼得·彼得森。

过了半个小时后，兰德博士终于回到了他的办公室。他笑着把手里的相机递给彼得·彼得森，说："彼得森先生，你来看看这样的改进是否更好？"彼得·彼得森疑惑地接过了相机，他发现兰德博士在相机里安装了一个被他称为"潜望镜"的东西，这个"潜望镜"能在用户瞄看观景器的时候显示出镜片的距离，从而提醒用户注意聚焦。

彼得·彼得森惊讶极了，他没想到兰德博士竟然虚心听取他的意见，而且能在这么短的时间里对产品进行改进。兰德博士也非常高兴，他喜欢听到别人为他指出产品的不足，这会让他的相机更加完善。他还对彼得·彼得森说："我们会成为一对很好的合作伙伴。"

事实的确如此，彼得·彼得森和兰德博士的合作非常愉快。在他们的互相配合下，Swinger 相机在最短的时间里推向市场，它为贝尔·豪威尔公司带来了 2000 万美元的销售额，贝尔·豪威尔公司因此暂时渡过了难关。

然而，尽管如此，贝尔·豪威尔的衰落已成定局。随着技术的不断创新，录像机和摄影机相继问世，与之相比，贝尔·豪威尔公司生产的这些传统拍摄设备早就已经过时了。对此，彼得·彼得森曾经伤感地进行过总结：

虽然刚刚问世的那些摄影机售价很高，但它们仍然受到了人们的欢迎，因为用这些摄影机拍出的影片确实更好，它们不但是有声的、彩色的，还能即时回放，而且录像带不像那些只能一次性使用的胶片，它们是可以重新使用的，极大地降低了成本。我不得不承认，电子革命已经到来。在这之后的岁月里，我们如今经常使用的价格便宜、小巧便携的摄影器材也相继被研发出来。在大众消费市场上，新事物总是比那些旧产品更加好用。随着技术的不断发展，电子机械设备和胶片已经逐渐演变成了纯电子产品。所以贝尔·豪威尔公司和宝丽来公司才会陷入困境。其实不仅是我们，每家老牌摄影器材公司都面临着相同的难题：要么改变，要么消亡。在这场"创造性毁灭"中，有的公司因此而一蹶不振、惨遭淘汰，而充满创新精神的企业却蓬勃发展、如日中天。我们必须寻找新的出路。[1]

　　没有人能永远站在时代的巅峰，没有人能违背商业的大潮，虽然伤感，但彼得·彼得森已清晰地预料到，"要么改变，要么消亡"，如果不能及时转型，贝尔·豪威尔公司早晚有一天会被时代淘汰。尽管兰德博士曾经邀请他到宝丽来公司担任总裁，彼得·彼得森仍决定与贝尔·豪威尔风雨同舟。

---

[1] 彼得·彼得森：《黑石的选择》，浙江人民出版社，2018 年。

第五章

踏上政坛：真正将信仰付诸实践

　　彼得·彼得森是一个实干家，尼克松总统正是看中了他这一点，才会邀请他担任国际经济事务助理，执掌新国际经济政策委员会。而彼得·彼得森雷厉风行的行事风格，也恰好证明了尼克松的识人之明。

"好邻居"运动

20 世纪 60 年代的美国，正处于大变革时期，动荡、喧嚣，美国社会的各个阶层都在表达着自己的不满与反抗，民权运动、反战运动等大规模的社会运动风起云涌，价值体系、道德标准不断遭受着冲击，美国社会因此受到了强烈的震动。置身其中的彼得·彼得森亲眼看见社会危机的愈演愈烈，他清醒地意识到，如果所有人都坐视不管，美国社会将变得越来越糟糕，必须有人站出来，努力寻求解决方案。

就在这时，父母的身影浮现在彼得·彼得森的脑海中。他想起了他们是如何对待弱者的。20 世纪 30 年代，美国陷入经济大萧条之中，很多人因此找不到工作，过着穷困潦倒的生活，有些人甚至连饭都吃不饱，每天只能忍饥挨饿。那时，经常有一些人来中央咖啡厅的后门，可怜兮兮地向他们乞讨食物。彼得·彼得森的父亲从来都没有赶走过一个乞食者，但是他也不会免费赠送食物，因为他知道随意施舍是对他们尊严的践踏，所以，他总是会找一些活来让这些乞讨者干，然后用食物作为给他们的酬劳。

还有一些人，他们虽然没有来到餐厅门口，彼得·彼得森的父母却也想方设法对他们进行救助。比如，彼得·彼得森的父母会给那些穷人家的孩子送上装满食品的篮子。他的母亲还会为有需要的孩子做围巾、帽子、袜子和连指手套。此外，她还经常会做一些面包，以低廉的价格进行售卖，让卡尼市的穷人们能吃上一口饭。

他们的善行不只是在卡尼市，彼得·彼得森的父亲还会把钱和妻子做的衣服汇往他们各自的家乡，为家乡人谋福利。

当时还年少的彼得·彼得森并不了解父母为什么要这样做，但三十年过去了，他终于领悟到了父母的初心，那就是"回馈社会"：

> 我的父母从未在美国得到过任何人的帮助，除了最宝贵的礼物，也就是当他们来到美国的时候，这个国家所提供的机会。由于这个机会，他们有了今天的生活和成功。他们认可文明社会的契约，即这是一条双向的马路，有来有往，通过帮助那些时运不济的人，包括那些近在咫尺和远在天边的，他们答谢了这个国家赐予他们的礼物。[1]

父母以其不求回报的慈善行为为彼得·彼得森树立了榜样，也使他的心中产生了一种深深的使命感。他决定像父母一样，热情地参与到社会活动中，为改善社会环境做出自己的努力。

当时，彼得·彼得森一家住在芝加哥的凯尼尔沃思镇上。彼得·彼得森发现，在这座小镇上，到处都存在着严重的种族歧视。当时，凯尼尔沃思镇上刚搬来一个黑人家庭，彼得·彼得森热情地对新邻居表示了欢迎，然而，其他人却对他们没那么友好。这个黑人家庭搬来没多久，就发现自家的草坪上着了火，原来是有人在这里点燃了十字架。警察调查之后，发现是几个年轻人在搞恶作剧，但这却让彼得·彼得森开始意识到，种族歧视是如此可怕。

从那之后，他开始观察自己的生活，结果发现在凯尼尔沃思镇上，对黑人的歧视比比皆是，比如很多饭店都拒绝黑人就餐，学校里几乎看不到黑人学生的面孔，社团也往往不愿意接纳黑人成员。这种明显的种族歧视令彼得·彼得森感到非常不安。更令他不安的是，在他的周围，

---

[1] 彼得·彼得森：《黑石的选择》，浙江人民出版社，2018年。

人们对此都已习以为常，没有人认为这是一个需要在意的问题。彼得·彼得森开始思考自己能做些什么，来改变这种不公平的现象。

1966 年，在芝加哥兴起了一场名为自由运动的社会革命，马丁·路德·金随之来到了芝加哥。对于马丁·路德·金来说，芝加哥的种族隔离范围之广、程度之深，使这座城市成为一个合适的目标。事实也的确如此：黑人占芝加哥总人口的 25%，相较于在凯尼尔沃思这类北海岸郊区小镇受到的较为含蓄的歧视行为，黑人显然在许多别的地方受到了更严重的敌视和歧视。在西塞罗，南欧和东欧移民的子孙用更邪恶、更暴力的方式表达他们的种族歧视；而在较封闭的南部，许多黑人还住在贫民窟一样的地方，过着令人难以想象的群居生活，食不果腹，衣不蔽体。

马丁·路德·金愤怒地发出了对种族歧视的抗议，在他的感召之下，很多人加入了反抗种族歧视的队伍中，芝加哥领导委员会随之迅速崛起。这个组织为打破芝加哥地区的种族歧视做出了巨大的贡献。

痛恨种族歧视的彼得·彼得森也在第一时间加入了芝加哥领导委员会。不久之后，因为出色的组织能力，他就被选为这个组织的主席。这惹恼了当地的一些种族主义者，他们公然宣称要报复彼得·彼得森。

一天晚上，彼得·彼得森与妻子正打算休息，突然听到电话铃急促地响起。彼得·彼得森以为发生了什么紧急事件，于是就让妻子接起电话，萨莉·洪伯根刚拿起话筒，就听到对面传来愤怒的咆哮声："告诉你那喜欢跟黑人混在一起的贱丈夫，我们一定会逮到他。"

这通电话让萨莉·洪伯根胆战心惊，彼得·彼得森马上报了警，但根本无济于事。在那之后，他们还是会时常接到这种威胁电话，尤其是在半夜的时候。

这些卑劣的行为让彼得·彼得森愤怒不已，但他并没有因此而妥协，他早已下定决心，无论前路有多艰险，都一定要坚持到底，他说：

在生命中，相信一些东西与真正将这些信仰付诸实践并非一

回事儿，而我选择了后者。^[1]

　　彼得·彼得森更加热情地投入到芝加哥领导委员会的工作中去。当时，黑人发动游行示威，希望以此来获得住房平等，但白人却拒绝这些游行者进入他们的社区，双方处于剑拔弩张的紧张状态，随着不满情绪的不断累积，矛盾愈演愈烈。彼得·彼得森知道，如果不及时纾解人们的情绪，这种小矛盾很可能导致冲突发生，最后甚至有可能爆发令人无法承受的大暴乱。类似的事情已经不是第一次发生了，早有前车之鉴：1965 年，在洛杉矶，大量非裔走上街头，抗议警察对有色人种的过分欺压以及黑人长期受到的来自社会各方面的不公正对待，这场游行最终演变成为瓦茨暴乱，洛杉矶警察部部长威廉·帕克甚至派遣出一万多名国民警卫军，最终导致 34 人死亡，1032 人受伤，4000 人被逮捕，造成的经济损失将近四千万美元。彼得·彼得森不希望芝加哥将悲剧重演。

　　在他的领导下，领导委员会广泛寻求有关芝加哥隔离住房体系的提案，力求缓和双方日渐增长的愤怒。他们还决定发起一场轰轰烈烈的"好邻居"运动，以促进住房体系公开平等，让黑人拥有与其他人平等的住房权利。

　　为了让更多人参与到"好邻居"运动中，彼得·彼得森利用自己的广告特长，组织了形式丰富多样的宣传活动。他联系了几家在麦肯公司时曾打过交道的广告代理商，说服他们为领导委员会提供免费服务。这个由多家公司组成的免费广告团队在很短的时间里，就想出了一个极具创意的宣传广告，当他们到彼得·彼得森家演示时，纵然是在广告业摸爬滚打多年的彼得·彼得森也不由得惊叹不已。

　　这个广告是这样的：条幅上用黑体大号字醒目地写着"让我们赶走那些黑鬼"。在这些字下面，有一个大大的星号，星号旁是注释："等

---

[1] 彼得·彼得森：《黑石的选择》，浙江人民出版社，2018 年。

把他们赶走后，我们再把意大利佬、西班牙佬、犹太佬、爱尔兰佬、波兰佬……都赶走。"这些都是对各个民族的贬义称呼，这些贬义称呼让多数芝加哥人成为种族主义者辱骂的对象。

彼得·彼得森对这个广告赞不绝口，但是他也清醒地认识到，它有极其强烈的煽动性，所以他必须跟整个领导委员会一起讨论是否采用这个广告，如果二十个成员中的多数人表示反对的话，他只能选择放弃。

彼得·彼得森把领导委员会的所有成员召集在一起，让广告团队再次进行演示，如他所料，所有人都发出了同样的惊诧声。令他欣喜的是，投票的最终结果是 19 票赞成、1 票反对。

紧接着，彼得·彼得森就在报纸上投放了这个广告。这个广告如同投入湖面的一颗小石子，打破了芝加哥的平静，引起了无数人的热烈讨论与争议，越来越多的人开始关注种族歧视，越来越多的人选择与彼得·彼得森站在一起，为反对种族歧视而战斗，就连当时芝加哥市的市长理查德·戴利也参与其中。同时，这个活动还得到了芝加哥媒体的大力支持，它们积极主动地为"好邻居"运动提供免费的广告位和广播宣传，《芝加哥日报》更是将领导委员会的这一举动评价为"一个新时代到来了"。

在"好邻居"运动的发布会上，彼得·彼得森幸运地见到了马丁·路德·金，当时的情形他一直记忆犹新："那天，我和他一起站在台上，当时我的心中只有赞美和惊叹：'在他那瘦小的躯体里，装着的是一个多么不可思议的人啊！'"

那一刻，彼得·彼得森由衷地希望，自己能像马丁·路德·金一样，"肩负使命，为弱者说话，为默默无闻的人说话，为国家的受害者说话，为这个国家称之为敌人的人说话"。

改革洛克菲勒基金

在贝尔·豪威尔公司共同就职的那段难忘的岁月，彼得·彼得森与查克·珀西建立了深厚的友谊，两家人之间的联系也非常密切，经常有私人往来。在查理·帕西的女儿莎伦的婚礼上，彼得·彼得森结识了一个对他的人生有着巨大影响的人——约翰·洛克菲勒三世。

洛克菲勒家族是美国历史上最为富有和具有影响力的显赫家族，约翰·洛克菲勒三世是洛克菲勒家族第二代掌门小约翰·洛克菲勒的大儿子，他专心打理家族基金会事务，将家族财富用于公益事业，是很有名望的慈善家。

1968年年底，彼得·彼得森收到了一通意想不到的电话，电话是约翰·洛克菲勒三世打来的，他邀请他到位于波坎蒂克的洛克菲勒山庄谈一件"非常重要的事情"。在"想看看传说中的洛克菲勒家族的生活"的强烈好奇心的驱使下，彼得·彼得森毫不犹豫地接受了约翰·洛克菲勒三世的邀请。

谁知道，到了洛克菲勒山庄，彼得·彼得森还没来得及好好欣赏这座古老建筑的风情，约翰·洛克菲勒三世便开门见山地说出了自己的想法。

原来，他心中有个担忧：有一天，公众会不再信任慈善基金。在美国，慈善基金会掌握了巨大的社会财富和经济力量。表面上看，这些慈善基金会非常"强壮"，当金融市场萎缩时，慈善基金会不像其它非营利机构和企业那样容易遭受经济风暴的袭击，而使其财产免受损失。其私人性质的、自我更新发展的董事会成员不受公众选票的左右，没有市场规则的限制，只有很低限度的政府规定和监督。然而，它们又是脆弱的。因为在一个民主社会，必须得保持机构的合法地位，不然，它们就经常会被怀疑为敛财、秘密决策、蔑视专家和空想的社会改革者。因此，约翰·洛克菲勒才会担心公众对慈善基金会的支持度会不断降低。洛克菲勒基金是这些慈善基金中最大的一支，如果这种担忧变成现实，首先受到冲击的肯定是它。与他怀着同样担忧的，还有美国大通曼哈顿银行主席约翰·麦克洛伊（John J.McCloy）和布鲁金斯学会理事会主席道格拉斯·狄龙（Douglas Dillon）。他们认为，对慈善基金会进行改革已经是势在必行了。他们希望组建一个委员会来提出并主导这次改革，而这个委员会主席的最佳人选则莫过于彼得·彼得森。

三位大人物的器重与信任让彼得·彼得森受宠若惊。但对是否承担这项重任，他却有些犹豫不决，他说："我对商业公司的运营有丰富的经验，知道资金怎样运作、兼并买卖怎样进行、公司怎样挺过艰难时期以及全球竞争是怎样一回事儿，但要处理慈善基金相关的事务就截然不同了，我必须考虑从美国建立时就存在的一些内部秘密。在柏林空运紧张时期，约翰·麦克洛伊曾经为世界银行工作，并担任美国驻柏林大使。实际上，约翰·麦克洛伊是在许多公司内部人士、商业媒体和住在纽约中央公园、第五大街豪华公寓里的权贵的推荐下，成了新成立的这个东北部精英网络的非官方主席。道格拉斯·狄龙当然也是执行委员会的一员，就像他在洛克菲勒基金委员会时一样。因为背后巨大的能量和他们由决断和效力组成的控制力，委员会得以成立。他们对美国主要慈善机构的控制是非常强势的。而让一个 42 岁的中西部外来者加入，说明某个问题已经到了非常棘手的程度，需要有人从东部的局外给他们来点儿新建议。"

为了打消彼得·彼得森的顾虑，约翰·洛克菲勒三世向他做出了承诺，说他既会为委员会的工作提供资金支持，也会抽调人手协助彼得·彼得森，还推荐了一些合适的人选给他。这些条件非常优厚，但彼得·彼得森却仍然不敢接受，他有一个朴素的观点："如果有什么事看起来非常完美，好像一点儿都不真实，那么我通常会认为它的确是不真实的。"[1]

于是，在那次会面中，彼得·彼得森并没有当场表示接受这项提议。他希望约翰·洛克菲勒三世能给他充足的时间来考虑。

离开洛克菲勒山庄后，彼得·彼得森来到了华盛顿。这次华盛顿之行让他大长见识。他拜访了他的老朋友、时任美国财政部长的大卫·肯尼迪（David Kennedy），并在大卫·肯尼迪的引荐下，与参议院财政委员会主席拉塞尔·朗（Russell Long）和众议院筹款委员会主席威尔伯·米尔斯（Willbur Mills）进行了一次会谈。从这些政府要员那里获取到的信息，使彼得·彼得森了解到，事情并不像约翰·洛克菲勒三世想象的那么简单：

约翰·洛克菲勒三世和约翰·麦克洛伊、道格拉斯·狄龙都意识到了慈善基金会的问题，但是他们没有正确认识这个问题有多么严重。事实上，不只是美国慈善基金会，就连整个基金世界都面临着巨大的危机。当时，有一个税收改革方案刚刚提交给国会，根据这一议案，基金会收入的所得税税率应为 46%。而其他议案还对慈善基金会提出了更严苛的要求，比如慈善基金会存在不能超过 10 年。这些议案之所以对慈善基金会如此苛刻，正是因为美国公众对其不满已经累积到了非常严重的程度。在彼得·彼得森看来，一旦这个议案被通过，基金会就会失去生存的根基。

了解到这一点后，彼得·彼得森飞到纽约，与约翰·洛克菲勒三世、道格拉斯·狄龙和约翰·麦克洛伊在洛克菲勒中心的第 56 层洛克菲勒

---

[1] 彼得·彼得森：《黑石的选择》，浙江人民出版社，2018 年。

办公室里见了面，他开门见山地告诉他们："慈善基金会面临的问题并不像他们想象的那么简单，如果没有得到妥善处理，有可能会导致慈善基金会难以为继。一个经济和人力都依赖于基金会的改革委员会是不可能得到公众信任的。要想让他执掌这个改革委员会，他们就必须保证，这个改革委员会在经济上是完全独立的，有自己的工作人员，并且不能有任何基金会的成员在里面任职。"

彼得·彼得森一边说着自己的观点，一边观察着对面三个人的表情。他发现在约翰·洛克菲勒三世貌似平静的表情下，隐藏着一丝震惊与愤怒。约翰·麦克洛伊则波澜不惊地坐在一旁，听彼得·彼得森说完后，他开口说道："我认为这个年轻人的建议是明智的，我们早就该想到这一点。"道格拉斯·狄龙轻轻点头，表示赞同，约翰·洛克菲勒三世也没有表示什么异议。

接下来的一切便是顺理成章的事情了。他们为这个改革委员会取了一个正式名字：私人慈善基金委员会。明确了这个委员会的资金来源是私人性质的，员工也由委员会自己聘请。

此外，彼得·彼得森还提出了一个敏感问题：没有人知道基金会的钱都用来做什么了，他希望基金会能公开这些信息，因为只有信息透明，才能杜绝别有用心的人利用这一点来编造谎言。令他意外的是，他们竟然同意了。

紧接着，彼得·彼得森就率领基金委员会展开了第一次全美国范围的市场调查。通过这次市场调查，他们了解到，慈善基金会有超过99%的基金款项都投入到了传统的公益事务上，比如大学、医院和教堂等；只有不到0.1%的基金款项用于"政治"拨款，比如选举人登记。不过，他们同时也了解到，很多慈善基金会给慈善团体的拨款也是非常少的，尤其是那些被企业控制的基金会。

为了改变这一点，基金委员会提出了一项改革措施——要求慈善基金会设定一个每年的最小额度支出，从而保证其资本的完整性，而且这样也可以保证他们能得到税收优惠。在彼得·彼得森看来，这一措施可以有效地促使基金拨款更多地投向慈善团体。

在基金委员会公布这项提议之前，彼得·彼得森还参加了一次"鸿门宴"。商业体系改革家约翰·迪博尔德（John Diebold）邀请他去家中参加晚宴，他想让彼得·彼得森为大家介绍一下，基金委员会是做什么的、赞同什么、反对什么。当彼得·彼得森提及设定最小额度支出的想法时，福特基金的麦克乔治·巴迪（McGeorge Bundy）率先表示了强烈的反对，他向彼得·彼得森发难道："我坚决反对这个提议，你们没有这个权力，我们可以自己决定自己花自己的钱。"

"你们之所以能获得税收优惠，是因为美国公众对你们有期望，他们认为你们虽然少缴了税，但你们的慈善捐款却能极大地缓解社会矛盾，让更多人受益。然而，现在看来，慈善基金会活动的优惠要远远大于你们的付出。因此，公众才会对你们产生不满。"彼得·彼得森耐心地向他们解释道。

但麦克乔治·巴迪根本听不进去，他也从来都没意识到，各种力量已经聚集起来，准备对基金会进行打压。

类似的质疑数不胜数。比如，克劳格公司首席执行官和克劳格基金执行总裁前来拜访彼得·彼得森，他们抱怨说如果基金委员会实行最小额度支出议案，股票分红就会非常低，他们将不得不卖掉一部分股份，这有可能导致他们失去对克劳格公司的控股权，这是他们无法接受的。

彼得·彼得森争辩道，作为贝尔·豪威尔公司的首席执行官，自己和他们有着同样的愿望，那就是保护公司不被恶意收购。但是，反垄断与慈善捐助完全是两码事，不能将其混为一谈，毕竟，不是只有有钱人才应该受到保护，其他人的利益也必须得到保障。彼得·彼得森提出的改革措施使美国参议院财政委员会主席拉塞尔·朗终于相信，基金委员会和他是真正完全独立的。彼得·彼得森真诚地与他和威尔伯·米尔斯保持联系，每次到华盛顿都会跟他们见面，向他们汇报基金委员会的最新进展。

彼得·彼得森的努力最终得到了回报。拉塞尔·朗在一次议会会议上说，他会撤销由他提出的对基金会课以重税的议案，取而代之的是彼得·彼得森提出的最小额度支出提案和关于处理基金会自我交易的附加提案。提案通过并立即生效。

这让基金会重新获得了生存空间，也促使它们结束了过去那种简单粗暴的管理方式，开始走上正轨。不得不说，彼得·彼得森功不可没。

入职白宫

自从大学毕业以来，彼得·彼得森一直在商场打拼，无论是在麦肯公司还是在贝尔·豪威尔公司，他的晋升速度都远远超过了其他人。他原本以为，他会延续这样的职业轨迹，然而，参与"好邻居"运动以及担任私人慈善基金委员会主席的兼职工作，却让他产生了更高的精神追求，他希望把自己放到更广阔的平台上，把精力投入到为社会服务中去，致力于解决社会矛盾和问题，为社会、为他人创造价值。

正因为如此，1969年，当约翰·麦克洛伊推荐他到美国军备控制与裁军署总顾问委员会任职时，他毫不犹豫地接受了。

军备控制与裁军署总顾问委员会专门负责军备控制和裁军政策的制定和执行，在政府内部开展工作。约翰·麦克洛伊是委员会主席，成员包括道格拉斯·狄龙，前国务卿迪恩·腊斯克，宾夕法尼亚州州长比尔·斯克兰顿和前陆军部长、国防部副部长赛勒斯·万斯。

在军备控制与裁军署总顾问委员会的工作，是彼得·彼得森第一次涉足政治领域，这样的经历让他收获良多。在这里，他结识了很多非常出色的政治家，尤其是外交界的很多知名人士，通过与这些人打交道，彼得·彼得森对外交领域产生了浓厚的兴趣，这也为他后来从事外交相关工作打下了坚实的基础。

这份工作带给他的更大收获是，为他提供了一块跳板，使他的职业生涯进入一个新的发展阶段——踏入政坛，入职白宫。

1970年新年期间，乔治·舒尔茨（George Shultz）给彼得·彼得森打来电话，给他带来了一个好消息：尼克松总统打算设立一个新国际经济政策委员会，希望彼得·彼得森能去管理这个委员会。

乔治·舒尔茨是美国知名政治家和经济学家，早年曾在美国麻省理工学院和芝加哥大学任教，彼得·彼得森在芝加哥大学商学院兼职授课时与他相识，因为兴趣相投，他们之间结下了深厚的友谊。乔治·舒尔茨长期从事经济工作，先后担任过艾森豪威尔、肯尼迪、约翰逊和福特总统的顾问，自1982年7月开始在里根政府当了六年国务卿，在政坛享有很高的声誉。1970年时，他担任尼克松总统办公室管理和预算委员会主任，深得尼克松总统的信任。

在电话里，乔治·舒尔茨告诉彼得·彼得森，尼克松总统想和他谈谈这件事，希望他能在新年之后到华盛顿去面谈。

新年假期原本应该是放松享受的时候，但彼得·彼得森却感到度日如年。假期刚一结束，他就怀着激动的心情来到了华盛顿。乔治·舒尔茨带他来到白宫，在总统的椭圆形办公室里，彼得·彼得森第一次见到了尼克松总统。

后来，在他的自传《黑石的选择》中，他曾经这样描述对尼克松总统的第一印象：

> 我来到椭圆形办公室时，看到总统助理早已等候在那里，看到我来了，他马上向总统进行了汇报。我走进办公室时，尼克松总统已经从办公桌后站起来，笑着与我一边握手，一边友好地打招呼。总统穿着白衬衫、黑西服和黑皮鞋，打着老式的领带，显得非常正式。他还特意在西服的翻领上别了一枚美国国旗样子的徽章，对那些被他当作"南部战略"目标的美国南部的保守选民，这个徽章或许对他们产生一些暗示作用。总统指指一旁的椅子，示意我坐下，而他自己则随意地坐在我的对面。第一次与总统面对面，我不由自主地感到一丝紧张，不过，总统看起来却非常放松。在谈话时，他一直在引导着话题，我们从美国国内的政治状

况谈到了世界其他国家，他的思路是那么清晰，见解也非常独到。在这个过程中，我的情绪得到了缓解，不再紧张。

尼克松总统开诚布公地对彼得·彼得森讲了自己需要他做些什么工作。

当时世界形势发生了巨大的变化，虽然美国与苏联两个大国在世界格局中仍然发挥着主导作用，但其他国家也在蓬勃发展，新的关系格局正在形成。建立怎样的新外交政策以及如何把对经济方面的种种考虑融到新的外交政策当中，成了尼克松政府亟待解决的问题。

基于这一前提，由利顿工业公司创始人兼首席执行官罗伊·阿什（Roy L.Ash）创立的总统行政重组顾问委员会，即阿什委员会提出了一个建议——组建国际经济政策委员会，这个委员会必须由总统领导，与国家安全委员会保持统一战线，国务卿、国防部长、财政部长、农业部长、商务部长、劳工部长、管理与预算办公室主任、经济顾问委员会主席、总统国家安全事务助理（通常叫国家安全顾问）、国内事务委员会执行委员和贸易谈判特别代表等都将被纳入到这个组织中。之所以成立这个委员会，是为了使政府更加重视对外经济政策，使其与美国当下的政治状况协调一致。尼克松总统采纳了阿什委员会的建议，并且认为彼得·彼得森能胜任这个委员会的执行主任一职。

彼得·彼得森对这个职业产生了浓厚的兴趣，但此时的他面临着一个两难的选择：他必须留在贝尔·豪威尔公司，他将其视为自己的责任，尤其是公司里最可能成为他的继任者的埃弗雷特·瓦格纳刚刚因为心脏病休假，他不想在此时抛下贝尔·豪威尔公司，他必须对一万多名员工负责。

他坦诚地告诉总统自己的顾虑，但这对尼克松来说不是问题。

"我认为，华盛顿的工作比你现在的工作更加重要。"他说，"我来联系贝尔·豪威尔公司的执行委员会主席，我相信，这件事可以得到妥善的解决。"

贝尔·豪威尔公司的执行委员会主席是通用食品公司的首席执行官查理·莫蒂默（Charlie Mortimer），当时他与家人正在偏远的巴哈马伊柳塞拉岛度假。但对白宫来说，这根本不算什么难题。果不其然，几分钟后，尼克松总统就打通了查理·莫蒂默的电话。在电话里，他简明扼要地告诉查理·莫蒂默，彼得·彼得森即将离职，他要负责为贝尔·豪威尔公司找到一个合适的接任者。查理·莫蒂默当然是满口答应。

虽然彼得·彼得森最为担忧的问题已经得到了解决，但彼得·彼得森还是没有立即接受尼克松总统的邀请。在会面马上就要结束时，他告诉总统："总统先生，我非常感谢您将这么重要的职务交给我，但请原谅我现在还不能马上答应您。我请求您给我一段时间，让我好好想想自己是不是还有其他责任必须承担，我一定会在最短的时间里给您答复。"

不过，事实上，他并不需要思考多久。从总统的椭圆形办公室走出后，他就听到了自己内心最真实的声音：留在这里。后来，他曾剖析过自己当时的心态：

> 当我从总统办公室里出来时，我就明白了自己想要的是什么。在贝尔·豪威尔公司，其实我并不快乐，我厌烦那些令人手忙脚乱的预算管理，更不喜欢为降低成本而伤脑筋。我已经在这家公司待了太长的时间，我热爱它，也在这里交了很多朋友，但是一直以来，我都觉得自己肩上的担子实在是太重了，我总是需要做一些枯燥乏味、单调重复的工作，这让我越来越难以忍受。我几乎每天都在做着超额的工作，没有任何个人时间。我希望改变这种现状。另一方面，我确实非常喜欢从事公共政策方面的工作。我迫切地希望做一些更高、更广、更抽象的事情，从而激活我已经僵化的思维方式。我心里非常清醒地认识到，是时候继续向前走了。我有什么理由拒绝这样一份工作呢？更何况，这份工作来自这个国家最有权力的人，既然他希望我服务于这个国家，我又

何乐而不为？[1]

彼得·彼得森决定遵从自己的内心，把握住这个难得的工作机会。不过，他认为自己是否能获得成功将部分取决于是否有一个合适的身份。华盛顿有很多委员会、调查局，如果这些机构不能出现在总统日常工作的轨道上，那就很容易被看扁和忽视。因此，他告诉乔治·舒尔茨，他还要做总统的国际经济事务助理。除此之外，他还提出了两个条件——让亨利·基辛格担任国家安全委员会主席，并协助总统处理国家安全事务，约翰·埃利希曼（John Ehrlichman）主持国内事务委员会的工作并协助总统处理国内事务。

---

[1] 彼得·彼得森：《黑石的选择》，浙江人民出版社，2018 年。

总统欣然接受

接下来就是与贝尔·豪威尔公司告别的悲伤时刻。贝尔·豪威尔的同事们在斯科奇的乡村俱乐部为彼得·彼得森举办了一场盛大的欢送派对。大家拍着他的肩膀伤感地跟他一一道别，如雨的眼泪、一次次的碰杯，欢笑和回忆围绕着彼得·彼得森，直到深夜。

彼得·彼得森的心情久久都无法平复。从 1958 年到 1971 年，他在贝尔·豪威尔公司度过了十三年的宝贵时光。他曾有过步步攀升时的意气风发，也曾因贝尔·豪威尔公司陷入困境而焦头烂额，无论如何，在他的生命历程中，在贝尔·豪威尔的这段岁月是异常难忘的。

对自己在领导贝尔·豪威尔公司时的表现，彼得·彼得森曾进行过中肯又谦虚的评价，他总结道：

> 如果只是看一些数据，我在贝尔·豪威尔的八年里确实取得了辉煌的成绩。通过我的努力，公司的销售量翻了一番，年收入翻了两番。然而，我不得不承认，实际情况却远比这复杂。如果让我给自己打分，在成本控制这一项上，我会给自己打"A"，在不影响公司运营的情况下，我已经尽我所能为公司削减成本。在为公司盈利这一项上，我也会给自己打"A"。尽管行业正在日益衰退，但通过引进新产品，公司仍然保持着较高的市场占有率。不过，在引导公司未来发展这一项上，我只能给自己打"C"，

我没能引导贝尔·豪威尔公司及时转型，使其落后于未来的电子世界。综合各方面来说，作为贝尔·豪威尔公司的首席执行官，我只能给自己打"B"。[1]

不过，尼克松总统却丝毫不吝于对他的评价。1971年，当尼克松总统宣布彼得·彼得森将成为他的国际经济事务助理和新国际经济政策委员会主席的时候，他给出的评价却与彼得·彼得森的自我评价截然不同。尼克松总统将其称为"这个时代最伟大的首席执行官"。

[1] 彼得·彼得森：《黑石的选择》，浙江人民出版社，2018年。

华盛顿的"经济基辛格"

彼得·彼得森是一个实干家，尼克松总统正是看中了他这一点，才会邀请他担任国际经济事务助理，执掌新国际经济政策委员会。而彼得·彼得森雷厉风行的行事风格，也恰好证明了尼克松的识人之明。

在走马上任的第一周，他就开始了紧张忙碌的工作。他与国际经济政策委员会的各位成员一一会面，并充分利用自己的特长——调查与分析。

通常，在会面时，彼得·彼得森会先问他们一些简单的问题，比如：他们是如何看待美国在世界经济中的地位？他们认为美国在世界格局中扮演着什么样的角色？美国目前的对外经济政策是否得当？他们希望在哪方面改进对外经济政策？他们认为那些政策能否与我们整体的外交政策有效结合？我们的外交政策和经济政策的目标是否一致……在他看来，这些问题可以帮助他更好地了解这些官员们。

然而，出乎意料的是，这些官员们的回答令他惊讶不已，他说：

> 这些内阁成员似乎根本没有意识到，现在的世界已经与以前大不相同。他们就像外星人一样，对地球的另一边发生了什么一无所知。比如，威廉·罗杰斯和国务院认为，美国超级大国的地位是无人能撼动的，在这之后的很多年，美国将会继续保持这一地位。凭借着经济上的优势，美国可以将大量的贸易和经济特权

作为促进全球和谐与实现美国利益的方式。美国在国际经济事务中是亲切和宽容大度的。国家安全委员会的亨利·基辛格将我的这些问题描述为"小"商业问题，在这一点上他和国务院保持一致。我对他说："亨利，你总认为这些小的商业问题都是无足轻重的，在你看来，所有与商业有关的事情都不值得一提。"莫里斯·斯坦斯和商务部的观点则是完全相反的，在他们看来，美国制造业的竞争力已经越来越微弱。如果不采取行动，美国的经济模式用不了多长时间就会变成没有实质产品的服务型经济。对他们来说，采取行动就是关税保护和限制。他们对美国的优劣势缺乏清晰的认知，对美国对外经济的优先次序问题上也有很大的分歧，这从某种程度上反映出，我们制定的很多政策并不一致，甚至很有可能是互相冲突的。[1]

这令彼得·彼得森非常失望，在他看来，对同一个问题，不同的人都能理解成不同的问题。如果对问题是什么都无法达成一致，是不可能找到一致的解决方案的。

彼得·彼得森把自己了解到的情况写成了一系列报告，向尼克松总统进行了汇报。起初，尼克松总统并没有表现出异常的兴趣，他通常会在报告上进行简单批复，让彼得·彼得森"继续"或者"做进一步解释"。

于是，彼得·彼得森继续自己的工作。他和下属们对筛选出来的经济数据进行了缜密的分析。他们的分析着眼于工业领域主要国家的产值增长、单位人工成本、市场份额、贸易趋势和汇率等。最终，彼得·彼得森得出了一个很有意义的结论：

"通过这些数据，我们对第二次世界大战以来世界经济格局的变化有了直观的了解。相较于美国的主要贸易伙伴在经济上的表现，虽

---

[1] 彼得·彼得森：《黑石的选择》，浙江人民出版社，2018 年。

然当时正在逐渐形成如今的世界经济一体化格局，然而，在这个过程中，有一点也非常令人震惊，那就是美国经济的控制能力已经越来越弱了。尽管如此，美国政府却没有认识到这些变化，美国的贸易政策和汇率更没有随着这些变化而进行适当的调整。美国与其主要贸易伙伴之间的关系，仍然停留在第二次世界大战刚结束的那个古老年代。"

彼得·彼得森认为，这个令人惊讶的发现，或许可以惊醒那些盲目乐观、昏聩不自知的内阁官员们。于是，他写了一份关键性报告，名为《世界经济中美国的角色变化》，并在一次白宫会议上进行了阐述，尼克松总统和整个国际经济政策委员会都出席了会议。

如他所料，彼得·彼得森的报告让总统震惊不已。在那次会议后，他还让彼得·彼得森给工党、商界的首席执行官和媒体进行演讲。他甚至还特意召开会议，与白宫和国会高级领导一起对彼得·彼得森的报告进行讨论。

后来，尼克松总统还决定将彼得·彼得森的报告公之于众。出版后不久，这份报告就卖掉了一万多份，成了名副其实的畅销书。

一时间，彼得·彼得森成了媒体的宠儿，他不仅登上了《商业周刊》的封面，而且《纽约时报》的头版故事讲述的也是他提出的美国政府改变对外经济政策的重要性。报纸在第 2 版还引用了他报告里的一些数据表，来说明为什么尼克松总统要发起这次改革，这次改革有着多么深远的影响。一段附有彼得·彼得森照片的简短介绍将他描述为华盛顿的"经济基辛格"，并对他做出了很高的评价，说他在"国际贸易和对外经济方面的影响力和权力与总统对外政策助理亨利·基辛格相差无几"。

这个评价让彼得·彼得森兴奋不已。

在初入白宫的那段时间里，彼得·彼得森可谓大放异彩。虽然没有政治经验，但是凭借着专业的能力、聪明好学的才智，他总能把问题处理得游刃有余。然而，在权力漩涡中的日子并不总是这么舒心，很快，彼得·彼得森就体会到，要在白宫生存下去，并不是一件容易的事。

在白宫西侧有一栋两层楼的白色建筑，一层是总统的椭圆形办公室和总统幕僚们办公区所在地。幕僚们的办公室都非常小，几乎只能容得下一张办公桌。然而，白宫西翼这片有限的区域，却是白宫官员们的"必争之地"，谁都希望自己与权力中心的距离更近一些。

一天，白宫办公厅主任鲍勃·霍尔德曼找到彼得·彼得森，告诉他一个好消息：尼克松总统非常欣赏他的才干，希望他搬到白宫西翼。在那之前，彼得·彼得森的办公室位于行政楼（华盛顿对旧行政办公楼的简称），那是一间宽敞舒适的大办公室，还附带一个会议室。虽然初来乍到，彼得·彼得森却也知道，在白宫，如同房地产一样，最重要的是位置，搬到白宫西翼的办公室，是地位与权力的象征。因此，这个消息让他兴奋不已。

不过，鲍勃·霍尔德曼说白宫西翼没有空办公室了，所以，他需要重新调整办公室的安排。也就是说，必须有人从西翼的办公室搬出来，彼得·彼得森才能搬进去。

白宫西翼内部的明争暗斗、钩心斗角在此时显现出来，谁也不愿意从白宫西翼搬出来。为此，那些道貌岸然的官员们用了很多手段，只为留在那个"风水宝地"。最终，鲍勃·霍尔德曼只能要求白宫经济机会办公室主任唐纳德·拉姆斯菲尔德把办公室让出来，当时，有传言说，总统对他的喜爱大不如前。唐纳德·拉姆斯菲尔德当然不会欣然接受，如同其他人一样，他为了自己能留在白宫西翼而"想尽一切办法"。

这一切让彼得·彼得森感觉非常无趣，他厌恶政治斗争，只想做实事、为总统解决问题。于是，他决定退出这场无意义的争夺：

> 我不会像他那样想出那么多点子，更不会不择手段。我更愿意用一种礼貌和友好的方式来处理此事。如果唐真的那么想留在那个办公室，那么我可以不搬过去。除了去总统那儿能快点儿以外，在白宫西翼还是在行政楼工作，对我来说有什么实质性的区别呢？只要尼克松总统愿意像我建议的那样，改变旧的世界经济模式，我就已经感到非常欣慰了。所以我不再与唐纠缠，我告诉鲍勃·霍

尔德曼，就让他留在那里吧！[1]

　　不过，虽然彼得·彼得森竭力避免陷入权力斗争的漩涡，但身处白宫，谁又能独善其身？很快，彼得·彼得森就感受到了"木秀于林，风必摧之"的无奈。

　　彼得·彼得森上任后不久，他的朋友大卫·肯尼迪就从财政部长的职位上辞职了。他曾是彼得·彼得森在内阁中的主要联系人，能与他一起工作也是他决定离开贝尔·豪威尔到白宫为公众服务的一个重要原因。当他通过一些小道消息得知大卫·肯尼迪的位子是被人挤掉的之后，他顿时感受到了一丝凉意。当尼克松总统宣布由约翰·康纳利（John Connally）接替大卫·肯尼迪担任财政部长时，他更是彻底惊呆了。

　　约翰·康纳利是肯尼迪总统时期的海军部长，曾担任得克萨斯州州长，对财政金融知之甚少。但他却是一位非常出色的政治表演家，长袖善舞、擅长外交辞令、捕捉人心。这一点，在接下来的共事中，彼得·彼得森深有体会。

　　不过，在当时，缺乏政治经验的彼得·彼得森却天真地以为约翰·康纳利也会像大卫·肯尼迪一样认可他，并且为他的工作提供支持，因为他也来自建议成立国际经济政策委员会的阿什委员会，他们的观点并无分歧。一开始，约翰·康纳利的确表现出了他的友善，他对彼得·彼得森的报告做出了高度评价，说它是"为白宫吹来了一股新鲜的空气"，会让华盛顿"出现新的转变"。

　　可是没过多久，彼得·彼得森就发现，约翰·康纳利所谓的"新的转变"只是他定义的转变，而且只能由他定义。他渐渐意识到："在华盛顿这个大水塘里，他（约翰·康纳利）是一条大鱼，而我只是一

[1] 彼得·彼得森：《黑石的选择》，浙江人民出版社，2018 年。

条小鱼，或许，以后还会变得更小。"[1]

彼得·彼得森之所以会产生这样的认知，原因在于两点：首先，尼克松总统需要内阁中有一个像约翰·康纳利这样的民主党人，在 1970 年以来的选举中，民主党一直占据两院中的多数议席；其次，约翰·康纳利本人非常排斥"白宫卫队"，而他认为彼得·彼得森正是其中的一个。他不会通过彼得·彼得森或者其他任何人给总统递交国际经济备忘录。虽然他说在制定政策的时候会参考彼得·彼得森对经济政策的建议，但事实上谁也不知道他是否真的会这样做。

更重要的一点是，约翰·康纳利对尼克松总统有着很深的影响力。有些时候，他甚至能让总统做出与自己的人生观相悖的决定。彼得·彼得森发现，在大多数国内问题上，尼克松总统通常都会保持适度的中立态度，比如设立环境保护局、支持民权、废除学校里的种族歧视、实行收入分成、把联邦政府的钱妥善地分配给各个州和地方政府等。然而约翰·康纳利却有一种神奇的魔力，能使尼克松总统改变自己的原则。

一直以来，彼得·彼得森都希望与约翰·康纳利和平共处、友好合作。可是，约翰·康纳利对他的不满与排挤却日益显现出来。直到这时，他才意识到，自己的职位对约翰·康纳利的野心造成了威胁。

此外他还听说了一个小道消息：在一次会议上，约翰·康纳利对几个手下大声吼道，他才不跟彼得·彼得森或国际经济政策委员会商量，那不是他跟总统之间的约定。这让彼得·彼得森疑惑不解，他不明白，既然如此，为什么以前约翰·康纳利会与阿什委员会一起热情地提议成立委员会，更不明白，他为什么会给予自己的报告那么高的评价？

多年以后，彼得·彼得森这样评价自己当时的天真与无知："我的想法实在是太天真了，我就像一个无知的孩子。我最终认识到，所有天真的幻想最后都不得不向现实低头。这与组织结构是否合理或者之前

---

[1] 彼得·彼得森：《黑石的选择》，浙江人民出版社，2018 年。

的建议是怎样的都没有关系。其实，这反映出了康纳利的自我意识和权力欲望。就像约翰·康纳利自己曾跟亨利·基辛格在一次谈话中所说的那样：'在这里，你有多强大，取决于你击败了多少敌人。敌人越强大，你就越强大。'"

约翰·康纳利的排挤让彼得·彼得森开始变得谨小慎微。同时，他也在考虑自己是否还有其他选择——到底是继续留在白宫，还是离开另谋出路？

1971 年秋天，哥伦比亚广播公司的老朋友弗兰克·斯坦顿向他抛来了橄榄枝，希望他到哥伦比亚广播公司做总裁。彼得·彼得森认真地考虑了是否接受这个邀请，毕竟，这份工作可以充分发挥他在广告和商业方面的经验。与在白宫工作相比，在这个领域，他更加游刃有余。

不过，彼得·彼得森不是一个轻言放弃的人，思索再三，他还是决定留在白宫。尽管"康纳利飓风"日益凛冽，他也要坚持到底。

与亨利·基辛格的友谊

在钩心斗角的白宫岁月里，彼得·彼得森感受到了前所未有的压力与痛苦，对那段日子，他曾这样评价："华盛顿充斥着内斗和阴谋，要不是那里的生活中还有一些美好的事物，这种日子是无法忍受的。"[1]

而让他继续忍受这痛苦的"美好的事物"之一，是他与亨利·基辛格的亲密友谊。

这个日后被称为"美国外交第一人"的政治家，当时是尼克松总统的国家安全事务助理。在 1968 年的总统竞选中，亨利·基辛格担任了纳尔逊·洛克菲勒的外交政策顾问，但是后来尼克松却战胜了洛克菲勒，获得了共和党总统候选人的提名，并最终赢得了大选。在竞选中，亨利·基辛格曾经把尼克松骂得狗血喷头，可是尼克松却不计前嫌，他看中了基辛格的外交才能，他决定聘请基辛格担任总统国家安全事务助理。

国家安全事务助理这个职位相当于内阁副部长，级别并不高。亨利·基辛格除了充当总统在外交和国家安全方面主要顾问的角色之外，还要领导国家安全委员会，这是一个设在白宫、国务院、国防部、中情局这几大山头之间的跨部门协调机构。不过，在基辛格的领导下，国家安全委员会规模急剧膨胀，这个部门的权势在尼克松时代达到了

---

[1] 彼得·彼得森：《黑石的选择》，浙江人民出版社，2018 年。

历史顶峰。

彼得·彼得森刚刚加入白宫时，亨利·基辛格对他曾经有着很强的戒心，原因如他在自己的回忆录《白宫岁月》中所说，彼得·彼得森的上岗意味着他的权力被大幅度削弱了[1]。这让亨利·基辛格一度非常不满。不过，当他发现彼得·彼得森是一个脚踏实地做事并且很有想法的人后，他的态度就从排斥变成了欣赏。没过多久，他们就在互相尊重的基础上建立了友好的合作关系。受到彼得·彼得森的影响，亨利·基辛格渐渐接受了经济政策与外交政策之间的相辅相成关系，了解到两者互相结合的必要性与重要性。

后来，除了在工作上互相合作外，在工作之余，他们也互相欣赏，并且友谊日益深厚，甚至，亨利·基辛格还把彼得·彼得森带入了乔治城社交圈。

乔治城社交圈是因波托马克河畔的雅致古屋区而得名的，活跃在这个圈子里的很多人都住在那附近。这个圈子的主要成员大都是传媒界的知名人士，比如被称为"美国新闻界最有权势的女人"的凯瑟琳·格雷厄姆、任职于《纽约时报》的"苏格兰仔"詹姆斯·雷斯顿（James Reston）、专栏作家兄弟斯图尔特·阿尔索普和约瑟夫·阿尔索普、罗伯特·肯尼迪的遗孀埃瑟尔、华盛顿女主持人波莉·弗里奇等等。

彼得·彼得森和亨利·基辛格是这个圈子里为数不多的白宫官员。他们很喜欢与这些传媒人士在一起，他们通常都非常博学，涉猎面极广，有自己独特的见解，通过他们，彼得·彼得森能了解到更多的信息。不过，乔治城社交圈最吸引彼得·彼得森之处，在于它能使他暂时远离"充斥着党派冲突思维的白宫和军队训练式的管理者鲍勃·霍尔德曼"，远离白宫那种明争暗斗、尔虞我诈的压抑氛围。

在亨利·基辛格身上，彼得·彼得森找到了一种年轻时的默契和

---

［1］亨利·基辛格：《白宫岁月：基辛格回忆录全集》，世界知识出版社，2013年。

友谊。他们经常互相开一些在别人听起来有些过分的玩笑，不过，只有他们自己知道，这并不会伤害彼此的友谊。

彼得·彼得森认为亨利·基辛格是一个不折不扣的"女性杀手"，因为他与很多知名明星、娱乐界新星谈过恋爱。周末的时候，彼得·彼得森经常和亨利·基辛格一起在白宫餐厅共进午餐。有时，基辛格当时交往的女友也会加入，且女友都很漂亮，亨利·基辛格对此非常骄傲。他总是会让彼得·彼得森坐在他的女友旁边，然后戏谑地对彼得·彼得森说："你只有羡慕的份儿，彼得森。"

彼得·彼得森经常利用这一点来嘲弄亨利·基辛格，在一次宴会上，他又拿亨利·基辛格开起玩笑："今天，我来这里的目的是控告美国国家安全顾问亨利·基辛格博士，因为他存在着严重的滥用职权行为。我想提醒诸位，未进入尼克松政府时的那个基辛格可不是这个样子的。你们中有谁曾把这位戴着眼镜的肥胖学者与浪子联系在一起吗？答案很明显，当然没有。然而，今天他公开在华盛顿的大道上向人们展示一群与他相好的好莱坞新秀，比如吉尔·圣约翰。她还仅仅是他无数女友中的一个。现在，我要问你们，基辛格为什么能左拥右抱？是因为他的个人魅力吗？不！很明显，他是利用手中的权力来让姑娘们注意到他。我相信现在是时候为他的行为定性了。我重复一遍，这是严重的滥用职权，我们必须要严厉谴责这种行为！"

台下的人们听懂了他的笑话，纷纷哈哈大笑起来。

第二天，《华盛顿邮报》报道了前一天的宴会情景。彼得·彼得森很开心，他知道自己的恶作剧又一次成功了。那天早上，他得意洋洋地经过亨利·基辛格的白宫办公室，看到他已经把《华盛顿邮报》上的那张图片剪下来贴在自己的电话上了，因为他非常喜欢媒体给予他的关注。一看到彼得·彼得森，亨利·基辛格马上站起来，笑着对他说："彼得森，我真是没想到，我让你来华盛顿，原来只是为了当你的滑稽配角啊！"

与亨利·基辛格在一起，彼得·彼得森经常感受到一种由衷的快乐。

因为亨利·基辛格让他看到，在充满阴谋与算计的白宫里，也有真诚的友谊，这实在是太难得了。

第六章

斗争与博弈：对手让他变得更强大

彼得·彼得森知道，如果在此时提出反对意见，一定会使约翰·康纳利怀恨在心，甚至可能会影响到未来自己在华盛顿的发展。然而，思前想后，他还是决定勇敢站出来。

与约翰·康纳利的较量

在白宫待的时间久了，彼得·彼得森渐渐认识到了一个非常残酷的现实：这里，每天都在进行着不见硝烟的斗争。为了自身的利益与目标，白宫各派系之间展开了或惊心动魄或悄无声息的争斗，甚至到了水火不容的地步。

彼得·彼得森竭力避免卷进这些斗争之中，他想远离这些在他看来毫无意义的纷扰，事实上，在如此混乱复杂的政治环境中，谁也无法明哲保身，更何况，约翰·康纳利早已视他为"眼中钉"。

1971 年，因为价格管制，彼得·彼得森与约翰·康纳利之间的较量拉开了帷幕。

这一年，布雷顿森林体系垮台，在那之后，美国的物价开始大幅度上涨，通货膨胀率一度达到了 4.5%。这是第二次世界大战结束后的第一次物价上涨，无数美国人因此担忧不已。如何解决通货膨胀问题，成了尼克松总统亟待解决的难题。一次在戴维营举行的会议上，约翰·康纳利为尼克松出了一个馊主意：进行价格管制，通过行政手段来干预市场、控制价格。

这个主意让彼得·彼得森惊讶不已，后来他把这称为他能想象的"最偏离市场导向、最违背共和党思想的政策"。然而，更令他震惊的是，尼克松总统竟然赞同这一观点。

彼得·彼得森费尽口舌想要说服尼克松总统改变主意，却以失败而告终。当然他也不是一无所获，他的努力还是挽回了一些影响。他最大的贡献是提出了 10% 的临时进口附加税，这个附加税的作用在于促使那些发达国家贸易伙伴升值它们的货币，使贸易谈判重新开启。不过，他同时也建议尼克松总统，在某个期限之后将这种附加税废除，在他看来，这种临时的附加税是美国亮出的"大棒"，而承诺有一天会将其废除，则是美国展示的"胡萝卜"。只有将这种"胡萝卜"与"大棒"相结合的方式，才能达到最好的效果。尼克松总统同意了。

1971 年 8 月 15 日，星期日，尼克松总统占用当时美国最热门的电视节目——《伯南扎的牛仔》的播放时间，现场直播其宣布所谓新经济政策的演讲，包括即时的工资和价格控制，10% 的进口附加税和关闭黄金窗口。在演讲中，针对 10% 的进口附加税，尼克松总统解释说，一旦美国的贸易伙伴将其汇率调整到合理的水平，并积极地与美国展开贸易谈判，他就会遵守承诺，把这项附加税废除。

不过，约翰·康纳利却反对废除进口附加税。在价格调控和"临时"进口附加税宣布后的很长时间里，他一直不厌其烦地劝说尼克松总统，希望他继续保留这项附加税。在一次白宫会议上，约翰·康纳利说进口附加税使"皮奥里亚市受益匪浅"。在另外一个经济政策会议上，他又继续鼓吹延长附加税的征收期限。当时，参加会议的人有尼克松总统、约翰·康纳利、乔治·舒尔茨、美联储主席亚瑟·伯恩斯和总统经济顾问委员会主席保罗·麦克拉肯。约翰·康纳利说，在美国民众眼中，这项税收存在的意义在于，通过向日本和德国收税，从而逼迫它们在贸易问题上向美国妥协。因为这项附加税收到了良好的政治效果，所以他认为应该一直保留它，直到 1972 年的选举年结束之后再将其废除，也就是比预定的废除时间拖延整整一年。

约翰·康纳利的言论令彼得·彼得森瞠目结舌，在他看来，这是出于政治目的而公然进行的单边贸易保护主义。如果真的如约翰·康纳利所说的那样，尼克松总统就违背了他在电视演讲中做出的承诺。

彼得·彼得森知道，如果在此时提出反对意见，一定会使约翰·康纳利怀恨在心，甚至可能会影响到未来自己在华盛顿的发展。然而，思前想后，他还是决定勇敢站出来。

后来，彼得·彼得森说："尼克松有一种非常强烈的求知欲望，还拥有严密的逻辑思维，这令我非常敬佩。在我刚刚加入白宫的时候，尼克松曾经对我说，在处理问题的时候，一定要告诉对方我们将要面临的各种选择，每个选择有什么样的优缺点、需要消耗多大的成本、可能存在的风险，以及可能会遭到反对者攻击的地方。这次，尽管约翰·康纳利拥有很大的政治影响力，他也很容易就能说服尼克松采纳他的意见，但我仍然决定相信总统说过的话，坚持按照自己的想法去做，尽管这样有可能会影响今后我在华盛顿的发展。"[1]

于是，他发言道："总统先生，我相信，您一定愿意扮演一个世界和平缔造者的角色，这不仅有利于塑造您的政治形象，还能为你带来更大的政治利益。我认为您不应该接受财政部长的建议，因为这意味着，您将违背自己在去年八月份向公众亲口做出的承诺，使您成为一个单边主义者。并且，我还要提醒您的一点是，在这之后的峰会上，您将会与中国和苏联的领导人会谈，与他们建立历史性的联系。"

彼得·彼得森的这番话如同一个惊雷，使会场一片哗然。他接着说："我们将要与一些国家建立新联系，但您若采纳康纳利部长的提议，就会切断美国与另一些国家之间的纽带关系。这样的单边主义，一定会引起盟国的反对，甚至遭到他们的报复。他们要报复我们并不难，对我们最重要的一些出口产品征收额外的税收，就足以使我们遭受内忧外困。"

在彼得·彼得森发言期间，约翰·康纳利一直沉默不语。然而，他的心里却燃烧着熊熊怒火。

彼得·彼得森原本希望有人能声援他，从而促使总统改变主意。然而，会场上却一片寂静，所有人都冷眼旁观，仿佛事不关己。

---

[1] 彼得·彼得森：《黑石的选择》，浙江人民出版社，2018年。

最终，这场会议在沉默与尴尬中草草收场。约翰·康纳利随尼克松总统一起走出会场，一边走一边在尼克松的耳边嘀嘀咕咕，不知道说些什么。彼得·彼得森看到此情此景，知道他与约翰·康纳利之间已经有了一个心结，再也解不开了。或许用不了多久，尼克松总统就会在约翰·康纳利的鼓动下把他驱逐出白宫。

不过，尽管如此，他还是想放手一搏。这时，他想出了一个主意：让亨利·基辛格去对尼克松总统施加影响。但他不知道自己一个人的力量是否能请得动亨利·基辛格。于是，又找到与他持有同样观点的美联储主席亚瑟·伯恩斯，劝他与自己一起去拜访亨利·基辛格，因为亨利·基辛格非常尊重亚瑟·伯恩斯。

在亨利·基辛格的办公室，彼得·彼得森向他简单地描述了约翰·康纳利的观点，他特意强调，如果在 1972 年 11 月总统选举之前还未废除这项附加税的话，这额外的一年执行期将会使美国与中国和苏联的峰会受到严重影响，甚至有可能导致美国与盟国之间的贸易战。如果峰会是在这种情况下召开的，那么尼克松总统的政治形象就会遭到破坏。

此外，彼得·彼得森还提醒亨利·基辛格：几个星期以前，法国总统乔治·蓬皮杜的一名高级助理让·波利亚找到彼得·彼得森，向他传递了一个特殊的消息。这位助理告诉彼得·彼得森，蓬皮杜理解美国对汇率失衡的担忧，并且已经决定与美国进行谈判。法国人可能会把法郎对美元的汇率提高 15%，但他们的交换条件是他们把法郎升值 7.5%，而美国把美元贬值 7.5%。彼得·彼得森问他为什么法国不直接把法郎升值 15%，反正最后得到的结果都是一样的。他回答说，他们不愿意这样做，这与法国的政治风格有关，与逻辑无关，美国必须要"分担一些政治负担"，因为美国在财政上的责任承担比它应该承担的少。法国人的提议还是为尼克松总统废除附加税提供了逻辑依据。

亨利·基辛格被说服了，他决定插手此事。有了亨利·基辛格这个筹码，经过一番波折，临时进口附加税终于被废除。

在这场与约翰·康纳利的较量中，彼得·彼得森最终获得了胜利。

不过，他知道，这短暂的胜利并不代表什么，相反，它意味着厄运很快就会到来。

尽管如此，彼得·彼得森却从不为自己做出的这个选择后悔。他的人生经验之一，就是要忠于自己的原则，忠于自己的内心，忠于自己的道德标准。后来，他曾说：

> 父母让我知道，忠于自己的原则、自己的内心、自己的道德标准是多么的重要。正因为他们的教导，我才敢对不值得我付出的人说"不"。虽然这几个"不"明显会带来一些短期损失，但是一般情况下，长期收益最终会出现。在我人生的一系列重要转折点，我都能干脆地说"不"。我感觉我有充分的理由说不，这可能是道德因素的唆使，也可能是直觉告诉我主管人或决策者的品格有缺陷，或项目的可行性值得商榷。轻松上阵实施起来有时候比我想象的要难。但是看远点儿，我知道这样做是正确的。[1]

"做正确的事情往往比正确地做事更重要。"管理学大师彼得·德鲁克曾在其著作《卓有成效的管理者》中如是说。而这个道理，彼得·彼得森早在多年前就已深谙。

---

[1] 彼得·彼得森：《黑石的选择》，浙江人民出版社，2018 年。

商务部长的"三把火"

约翰·康纳利从来都不是一个宽容大度的人，他是不会放任彼得·彼得森继续挑战自己的权威的。在那次较量后不久，彼得·彼得森就遭到了被贬的命运。

1972 年，原本担任美国商务部部长的莫里斯·斯坦斯被调任为尼克松连任选举的财务委员会负责人，因此，商务部长的职务就有了空缺。为了解决约翰·康纳利与彼得·彼得森之间的矛盾，尼克松总统顺水推舟地让彼得·彼得森担任商务部长，这样一来，他们就不再一起共事，不必再产生什么龃龉。而借助彼得·彼得森的名望，总统也可以保持他在商界的信誉，可谓一举两得。

调任商务部长，被彼得·彼得森称为"逃生"。事实上，他也的确经历了很多狼狈与不堪。

1972 年 2 月 29 日，尼克松总统让彼得·彼得森来到他的椭圆形办公室，向他宣布了这一任命。当时，尼克松总统的态度被彼得·彼得森形容为"就像一个趾高气扬的船长邀请一只在水里不停挣扎的老鼠到自己船上一样"。这一点在鲍勃·霍尔德曼那里得到了验证———向城府极深的鲍勃·霍尔德曼在他的《霍尔德曼日志》中写道，总统的邀请是"失礼的"。

除了失礼的邀请之外，彼得·彼得森的就职仪式也同样显得"失礼"。直到就职当天的早上，才有人打电话给彼得·彼得森，就职仪式将于上午 10 点在总统办公室举行。彼得·彼得森希望与亲朋好友们一起分享这个时刻，然而，在短短两个小时的时间里，他无法将他们都召集起来。这让这场就职仪式增添了几分不和谐，彼得·彼得森曾在《黑石的选择》中描述过当时的情景：

> 就职的电话突然打来，让我措手不及。这时孩子们已经到学校里去了，我马上把这一消息告诉了萨莉，于是，她马不停蹄地赶去乔治城日间小学，接吉姆、大卫和霍莉。那时，吉姆已经 14 岁了，大卫 12 岁，他们在上学的时候喜欢穿着一身邋遢的衣服。这些是 20 世纪 70 年代早期的自由主义风格，正如一直抗议越战的人们所穿的那样。在就职仪式正式开始之前，工作人员把萨莉和孩子们引进了总统办公室。人们纷纷被他们的古怪形象所吸引。理着平头的鲍勃·霍尔德曼看了一眼我儿子，竭力控制住心中的嘲笑。他的表情似乎在说："这些都非我族类。"是的，事实的确如此。这几个孩子只是把自己打扮得像尼克松政府的反对者，但我的妻子萨莉却不一样，她从本质上来说确实是尼克松政府的反对者。她的衣着与其他内阁官员的妻子们也截然不同。她喜欢穿紧身的裤子和厚底高跟鞋，而不喜欢那些遮膝的成熟裙装。她留着一头类似女演员简·方达的发型，这是另一种反战的发型样式。同样，与其他内阁官员的妻子相比，萨莉显得更朴实、更前卫。

无论如何，从长远来说，就职商务部长对彼得·彼得森来说是一件好事，因为他不但因此离开了尔虞我诈的白宫，同时也避免了在此后的"水门事件"中受到牵连。

刚开始在商务部工作时，彼得·彼得森认为自己的职责就如同公司的总裁，因此，他试着理解商务部的"投资组合"。没过多久，他就明白了，商务部是由很多不相关的部门组成的，也就是生意上常说的"大杂烩"，比如人口普查局、国家气象局、专利商标局和联邦海事委员会等都是由商务部主管的，就连国家海洋大气总署也是商务部的下属机构。在担任商务部长之前，彼得·彼得森并不了解国家海洋大气总署。不过，很快他就知道了，这个机构不但负责海空事宜，而且负责生活在那里的一些生物，因此，管理海豚和小海豹也成了彼得·彼得森的职责。就职的第一天，彼得·彼得森问他的幕僚长，他首先需要处理哪些事务，除此之外，还有哪些事务是需要他重点关注的，哪些事务需要他紧急处理。他原本以为，幕僚长会告诉他诸如美国的贸易谈判、对外政策等议题。谁知道，幕僚长告诉他的是，他的当务之急是处理捕金枪鱼的渔网缠住海豚和渔民棍打小海豹等情况。因为这段时间以来，商务部陆续接到了来自国会及活跃分子团体的数万封信件和电话，都是督促他们去关注海豚和小海豹所面临的困境。如果不先把这一危机解决好，彼得·彼得森是不可能集中精力去处理其他事宜的。

这让彼得·彼得森简直哭笑不得，他从没想到，自己在商务部的工作竟然是从关怀海豚和海豹开始的。

彼得·彼得森很快就了解到海豚危机的问题所在。原来，经验丰富的渔民们发现，金枪鱼、鼠海豚和宽吻海豚总是会聚集在一起。因此，只要找到了海豚，就能捕捞到大批金枪鱼。因为海豚是呼吸空气的哺乳动物，所以它们总是喜欢在靠近海面的地方遨游。渔民们因此发明了一个捕捞金枪鱼的好方法：找到一群海豚，然后用大型渔网将这些海豚网住，这些在海豚下方的金枪鱼也会随之被网住。这时，渔民们就会用船把金枪鱼和海豚拖到岸上，在这个过程中，很多海豚会被海水淹死。

彼得·彼得森的前任莫里斯·斯坦斯只明白他们需要加大金枪鱼的出口，从而促进贸易平衡。因此，作为金枪鱼捕捞的受害者，海豚所遭遇的危机越来越严重。海豚的大量死亡引起了越来越多人的关注，彼得·彼得森清醒地意识到，海豚虽小，但它也有可能引发严重的政治危机，因此，这件事必须妥善处理，绝不能掉以轻心。

很多同情海豚的人希望商务部能下令禁止金枪鱼的捕捞，但彼得·彼得森知道，这是行不通的，因为美国的金枪鱼出口量很大，对促进贸易平衡的确起着巨大的作用，而且，渔民们还要以此为生。

为了能够妥善地解决这个问题，彼得·彼得森开始思考是否能找到一个两全其美的方法。最终，他想到了对渔网进行改进，使其更安全。

接下来，就是推广这种金枪鱼渔网，并让人们看到他们为解决这个问题所做出的努力。这时，彼得·彼得森想到了一只叫作"拂绿波"的海豚。

拂绿波是一只动物明星，1963 年，它在一部由查克·康纳斯主演的电影中出现，并因此成名，受到了很多观众的喜爱。在观众心中，拂绿波是一只通人性的哺乳动物，也是人类的朋友。此外，它还是引发这场金枪鱼捕捞骚动的核心。因为拂绿波生活在圣迭戈的海洋世界，这里恰好也是美国金枪鱼的故乡。

这之后，彼得·彼得森飞往位于美国另一角的圣迭戈，亲自看望这只世界上最讨人喜欢也最出名的海豚。为了达到更好的宣传效果，他邀请了许多倡导团体和媒体人士与他一起来到拂绿波所在的海洋馆。摄影师不断拍摄彼得·彼得森抚摸拂绿波的画面。拂绿波也非常配合，向他们露出海豚那独特的笑脸。看到气氛已经达到了顶点，彼得·彼得森适时宣布，商务部正在研究一种安全性更好的金枪鱼渔网。

在那次活动之后，商务部收到的信件开始变成表扬信。在信中，人们赞美彼得·彼得森采取了建设性的措施。就这样，海豚危机问题得到了圆满解决。

接下来的第二个亟待解决的问题是小海豹危机。当时，小海豹的毛皮经常被用来制造很多工业产品，因此，阿拉斯加州阿留申群岛的毛皮生意非常红火。猎捕海豹是岛上土著人的一项传统收入来源。然而，土著人用木棍将海豹活生生打死的照片被流传到外界后，却引发了巨大的危机。捕猎过程中那血淋淋的屠杀、海豹可爱脸上的悲惨表情和它们那乌黑迷人的眼睛……让世界各地的动物爱好者们震惊不已，他们愤怒地谴责美国商务部，竟然允许这么残忍的行为继续下去。

这让彼得·彼得森头疼不已。他知道，减少海豹杀戮，就能使这个问题迎刃而解。不过，如何才能做到这一点？

为了解决这个问题，他决定另辟蹊径，最终从一种鱼类身上找到了突破口。他研究了很多与环保有关的报告，发现一些环保专家提出了一个非常独特的观点：海豹的存在会导致某些特定鱼种走上灭绝之路。于是，他想到了一个好主意：推行一个为期五年的实验计划，根据这项实验，他们将选择两个岛屿，禁止海豹猎捕，而另外两个岛屿则允许土著人猎捕。高级环境咨询委员会将会负责监督这个实验计划是否顺利实施，那些最关注海豹问题的环境组织也被邀请参与组织和监督这项生态实验。这样一来，海豹危机就迎刃而解了。

接下来需要优先解决的问题是童装原料易燃问题。

20 世纪 40 年代以来，美国接连发生睡衣和吉恩·奥特里式牛仔外套燃烧导致儿童严重烧伤的事故。三十年后，仍有孩子死于睡衣着火。20 世纪 60 年代和 70 年代的几部电视剧讲述了这些令人心酸的惨剧。愤怒的维权人士要求商务部下令禁止销售那些用易燃布料制作的童装，以避免悲剧再次发生。

然而，问题的关键在于，所有的布料都是易燃的，当时没有人能制造出完全不会被引燃的布料。那些纺织厂的老板们不希望投入大量的资金来研究如何增强布料的防火性，更不希望因此而停止销售自己的产品。白宫的政客们更是时常提醒彼得·彼得森，一定要消除这个危机，这样才能稳住纺织业的大老板们，使他们把钱源源不断地投入尼克松的竞选金库中。

但对彼得·彼得森来说，孩子们的生命安全是最重要的。为此，他一方面大力督促纺织行业研发制造防火性能更好的儿童睡衣，另一方面，他让国家标准局调查消费者能采用什么可行的措施在短期内保障生命安全，避免孩子们在发生意外的时候被烧伤。几个星期后，国家标准局的一名职员给彼得·彼得森打来电话，告诉他一个令人振奋的消息。原来，他们发现，用硼砂溶液洗衣服之后，布料就不易着火，硼砂是当时很多美国家庭常用的洗涤产品。虽然这个方法不能维持很长时间，但起码，彼得·彼得森能把这一权宜之计先介绍给公众，然后再敦促纺织业研究出更为长久的解决方案。

接连解决了几个棘手的问题，使彼得·彼得森不仅适应了商务部长的工作，还用事实证明了自己非常胜任这一职位。不过，彼得·彼得森并未因此而自满，在他的办公室里，挂着一张美国历史上最出名的商务部长胡佛的照片。在他办公的时候，胡佛会在上面盯着他。事实上，胡佛在这一职位上干得非常出色。然而在当总统期间，他无法有效应对 20 世纪 30 年代大萧条的挑战，这才是他出名的原因。胡佛的经历让彼得·彼得森时时自我警醒：

> 他让我明白，再成功的人也有可能滑入谷底，不得翻身。我想，工作时记住这个教训可能也是有帮助的。[1]

---

[1] 彼得·彼得森：《黑石的选择》，浙江人民出版社，2018 年。

加入美方峰会代表团

尽管彼得·彼得森在商务部长这一职位上做得游刃有余，但每天忙于处理海豚危机之类的问题，让他越来越找不到自己的价值。他迫切地渴望着能做出一些"伟大的成就"。

这时，即将于 1972 年 5 月底举行的莫斯科峰会引起了他的注意。

在第二次世界大战中，为了打败纳粹德国和日本，美国和苏联两个大国不得不结成同盟。然而，战争结束后，两个大国却一直水火不容，彼此虎视眈眈，甚至以核武器相互威胁。为了争夺世界霸权，两国及其盟国展开了数十年的斗争。在这一时期，虽然分歧和冲突严重，但双方都尽力避免世界范围的大规模战争（第三次世界大战）爆发，其对抗通常通过局部代理战争、科技和军备竞赛、太空竞赛、外交竞争等"冷"方式进行，即"相互遏制，不动武力"的"冷战"。在那段时间里，不仅没有美国总统访问过苏联，而且两国在东南亚也一直明争暗斗。

然而，随着世界局势的不断变化，美国和苏联都看到冷战不能解决所有问题，为解决相互冲突、增加彼此了解，两国考虑构建合作框架，并决定于 1972 年 5 月进行会谈。

在彼得·彼得森看来，"无论采取什么促使双边关系正常化的措施，其中一个非常重要的手段都是要建立商业联系"，所以，这次峰会是一次将经济政策与外交政策相挂钩的绝佳时机，必须把握好这个机会。如果他能参与此次会谈，一定能够大显身手。

不过，要想加入美方峰会代表团，对他来说不是一件容易的事。因为排在他前面的是两个大人物，一个是与他有宿怨的财政部部长约翰·康纳利，一个是时任美国国务卿的比尔·罗杰斯。他们所在的部门比彼得·彼得森所在的商务部更为重要，而且他们本人在参加经济谈判方面也享有更大的优先权。

幸运的是，没过多久，约翰·康纳利就辞去了美国财政部部长的职位，转而用民主党领袖的身份为尼克松效力，以便为他将来（作为共和党人）竞选总统做准备。约翰·康纳利的继任者是彼得·彼得森的老朋友乔治·舒尔茨，他支持彼得·彼得森担任美苏经济谈判首席代表。

除此之外，亨利·基辛格也希望这一职位由彼得·彼得森来担任。作为国家安全顾问，亨利·基辛格把国务卿比尔·罗杰斯当成竞争对手，他不愿意比尔·罗杰斯再插手美国对苏联事务。

各方利益权衡后的结果，让彼得·彼得森看到了参与这次莫斯科峰会的希望。政治环境的恶化，也为彼得·彼得森带来了机会。

正当峰会马上就要召开的时候，美国国内的一些利益团队开始向尼克松总统施加压力，希望他说服苏联人购买更多的美国产品。而这些产品一旦出口，美国政府就需要向这些企业提供更多的资金和出口补贴，以此来帮助它们提高农业出口量。然而，农业出口增长有一个前提，那就是苏联要有购买这些产品的经济实力。对此，谁的心中都没有确定的答案。

为此，彼得·彼得森决定利用自己的特长，对苏联的经济实力、经济需求和弱点进行调查研究。这一点对他来说并不难，就像以前所做的"彼得森白宫报告"一样。令人惊讶的是，他的研究结果与大多数人对苏联经济的印象迥然不同。

一直以来，美国人对苏联经济有一个思维定式，那就是苏联是一个经济强国。之所以会产生这样的思维，其中一个非常重要的原因是，美国国内工业的利益团体不断地吹嘘苏联的实力，希望促使政府不断提高军事开支，而他们可以从中渔利。然而，彼得·彼得森的调查结果却显示，当时苏联的经济已经陷入了非常困窘的境地。比如，在彼得·彼得森所调查的 35 项工业种类中，苏联只在重型机械一项上有充足的竞争力，而且它的工业品大部分都出口到东欧的一些小国，那些国家经济基础薄弱，资金匮乏，因此别无选择，只能购买苏联出口的相对便宜的产品。在农业领域，集体农业的内在缺陷使它的作物产量远远不能满足本国的需求。

当然，在某些方面，苏联也有着巨大的竞争优势。比如，苏联的能源储量非常大，尤其是石油和天然气。不过，即使是在这些方面，他们也日渐衰退。原因在于，这些资源大都位于偏远地区，开发它们需要雄厚的财力和专业技能，而这两样都是当时的苏联所不具备的，比如苏联并不具备在西伯利亚的冻土地区钻孔开采的能力，也缺乏从地底开采石油的基础设施。

彼得·彼得森发现的最重要一点是，美国根本就不需要补贴出口到苏联的产品，因为与他们一贯的认知不同的是，苏联人非常需要美国的产品，而美国对苏联产品的需求度却较低。此外，从美国的经济总量看，美国与苏联的潜在贸易量只占很小的比例。

虽然彼得·彼得森的调查研究与主流的看法相悖，但它却受到了尼克松总统的青睐。这份报告让尼克松总统有了向苏联施压的筹码，它足以迫使苏联在一系列重大问题上做出让步，比如限制战略武器会谈和越南问题。

彼得·彼得森所做的这种颠覆主流观点的战略分析，深得尼克松总统的喜爱。不仅如此，亨利·基辛格也非常喜欢。或许之前彼得·彼得森是被放逐到商务部，只能每天与海豚、海豹打交道，但现在，亨利·基辛格向他抛出了橄榄枝，希望他能重回他的团队，为政府制定实现外交目标的经济政策。

不久后，尼克松总统就把彼得·彼得森叫到了他的办公室，两个人就报告中提出的问题进行了沟通。会面结束后，亨利·基辛格给彼得·彼得森打来电话，向他传达了一个好消息：尼克松已经决定任命彼得·彼得森为美苏联合商务委员会美方代表团的负责人。

这个消息让彼得·彼得森兴奋不已。在美国政府中，商务部通常被认为是二级部门，这也是彼得·彼得森当初认为自己"被贬"的原因。然而，现在，在他的带领下，这个不被重视的部门竟然第一次有机会参与构建美国与冷战对手间的实质经济联系，这怎能不让人深受鼓舞呢？

激烈交锋

在莫斯科峰会召开之前，美苏双方的激烈交锋就已经拉开了帷幕。作为美苏联合商务委员会美方代表团的负责人，彼得·彼得森亲眼见证了一个个足以改变世界局势的条款是如何通过针锋相对的谈判出炉的。

彼得·彼得森的谈判对手是苏联对外贸易部长尼古拉·帕托利切夫，在峰会前夕，他率领一个代表团来到华盛顿。不过，与惯常的谈判不同的是，在谈判之前，彼得·彼得森先安排双方代表团一起观看了一部喜剧电影，他希望通过这种方式来营造一种轻松的氛围，使双方之间的紧张关系得到缓解，从而促使谈判顺利进行。

此外，彼得·彼得森还邀请尼古拉·帕托利切夫夫妇和苏联驻华盛顿大使阿纳托利·多勃雷宁夫妇到家中一起享用晚餐。不过，就在那天，亨利·基辛格却传来了一个令人震惊的消息：白宫获取到一条高度机密的情报。这条情报让美国相信越南战争迟迟无法结束的一个重要原因在于，苏联是越南民主共和国（俗称"北越"）的武器和物资供应者。为了切断苏联与北越之间的联系，在约翰·康纳利的支持和鼓动下，尼克松总统下令对北越港口海防进行鱼雷轰炸。据情报人员了解到的信息，苏联的武器都会先运到这个港口，然后再运往北越的各个据点。那天晚上九点，尼克松总统将通过电视演讲宣布这一行动。

这给彼得·彼得森出了一个难题：如何处理这个惊人的消息呢？思来想去，他决定采取最直接的方式。到了晚上九点，当晚餐进行到一半时，彼得·彼得森停了下来，他告诉尼古拉·帕托利切夫和阿纳托利·多勃雷宁，他得到了一个惊人的消息。他希望他们和美国民众同时知道这一消息。接着，他搬来一台电视机，将它放在餐桌上。电视机里正在直播尼克松总统的演讲，尼古拉·帕托利切夫和阿纳托利·多勃雷宁面无表情地听着总统说的每句话。

电视演讲很快就结束了，晚餐也随之草草收场。两位客人坐上轿车，怀着复杂的心情离开了彼得·彼得森家。紧接着，亨利·基辛格来了，一见到彼得·彼得森，他就非常焦急地询问他们都说了些什么、有什么反应。彼得·彼得森回答说："他们就像是两座雕像，完全看不出他们在想些什么。"

第二天上午十点，是预定的双方代表团与尼克松总统会晤的时间。一大早，亨利·基辛格就打电话给彼得·彼得森，问尼古拉·帕托利切夫有没有联系他。彼得·彼得森与他一样陷入了不安之中，他不知道出现了这样的变故，谈判是否还能正常进行？

他们在忐忑中等待了很久，终于，大概在 9 点 40 分的时候，他们接到通知，尼古拉·帕托利切夫和阿纳托利·多勃雷宁正在前往彼得·彼得森办公室的车上。这让彼得·彼得森和亨利·基辛格都松了一口气。

他们到了以后，彼得·彼得森带着他们前往白宫。根据安排，彼得·彼得森、尼克松总统和亨利·基辛格与他们在白宫进行了会谈。同时，尼克松总统的莫斯科峰会也按照预定的计划进行。

1972 年 5 月 22 日，尼克松总统访问苏联，他是第二次世界大战后第一个访问苏联的美国总统。在访问期间，尼克松与苏联共产党领导人列昂尼德·勃列日涅夫进行了为期一周的具有历史意义的会谈，就"苏美关系和当前国际局势的根本性问题"进行了范围广泛的会谈。会谈结束后，双方发表了《苏美联合公报》和《苏美相互关系原则》两份重要文件。在联合公报中，两位领导人都承认在越南战争问题上双方存在许多重大分歧，但是他们都同意"尽最大努力避免军事对抗"。双方都赞同在中欧"双方都削减"武力的想法。此外，列昂尼德·勃列日涅夫还接受了尼克松的邀请，准备对美国进行访问。

按照这之前制定好的计划，尼克松总统在这一周时间里没有与苏联方面签订贸易协定。1972 年 5 月 26 日，双方宣布成立美苏联合商务委员会。这表示双方都愿意建立新的商业联系。不过，这个消息却被另一个更重要的消息掩盖了：尼克松与勃列日涅夫第一次签订了两个超级大国之间限制战略武器的协议。

峰会结束后，关于贸易协定的谈判还在继续。

1972 年 7 月底，联合商务委员会在莫斯科召开会议，开始了一场艰难的谈判。

在彼得·彼得森看来，美苏将逐渐结束彼此之间的对抗，转而建立合作框架。然而，在这个过程中，贸易纠纷是难以避免的，也是无法彻底解决的。许多国家借助传统的多边机构来解决彼此之间的贸易纠纷，但苏联是不会参与这些多边机制的。因此，彼得·彼得森首先要做的，是建立一个双方都认可并且信任的国际仲裁机构。彼得·彼得森希望通过这个国际仲裁机构，双方可以在很多事项上达成一致，从而建立良性的经济关系。除此之外，这个贸易协定还必须是综合性的。惟其如此，才能避免因为个别问题而使整个协定流产。

如彼得·彼得森所料，这场谈判经历了一个非常艰难困苦的过程。双方谈判的一个主要分歧在于，苏联在"租借法案"中欠美国的债务利息究竟应该如何计算。除了利息计算方式上的争议之外，双方在苏联到底欠美国多少债务的问题上的看法也大相径庭。彼得·彼得森认为，美国在第二次世界大战期间运送给苏联的物资总价值足有 26 亿美元。在谈判的时候，他们把这一数额下降到了 8 亿美元，但苏联却只答应还 3 亿美元。后来，彼得·彼得森回忆道："勃列日涅夫的脸因为愤怒而变得涨红，他伸出一根手指，指着我的脸说，苏联人为将'邪恶轴心'打垮所付出的代价不只是国家被沦为废墟，而且还有 2300 万条苏联人的宝贵生命，美国人是无法理解这一点的。"

为了让谈判可以继续进行下去，彼得·彼得森决定剑走偏锋。他用电脑打印出三份不同的资料。在这三份资料上，他从低到高依次写着夸大的利息数字。彼得·彼得森在那份利率最高的资料上标记上"彼得·彼得森的建议"，中间利率的资料则标着"亨利·基辛格的权限"，而利率最低的那份资料上则写着"总统的权限"。然后，他把这三份资料放进了一个公文包里，又把公文包放在卧室的床头上。做好这些工作后，他就像往常一样外出散步了。

从外面回来之后，随行的中央情报局人员对房间进行了仔细检查，他们告诉彼得·彼得森，他的公文包有被打开过的痕迹。后来，当双方在租借法案的问题上达成协议之后，彼得·彼得森得到了想要的利率，因为苏联人在偷看了那三份资料后，错误地以为他们得到的利率比彼得·彼得森或亨利·基辛格想要的更低。

谈判结束后，彼得·彼得森启程返回美国，他知道这次谈判任务完成得非常出色。然而，回到华盛顿后，迎接他的却是《纽约时报》上刊登的一篇社论，标题为《任务的失败》。这让彼得·彼得森只能无奈地苦笑。

令他欣慰的是，通过这次谈判，所有问题的协议都将很容易达成。这一点也得到了亨利·基辛格的认同。1972年秋天的一个晚上，亨利·基辛格到彼得·彼得森家吃了一顿晚饭，吃饭时，他笑着对彼得·彼得森说，从今以后，他再也不会把商业事务当成是微不足道的"小事"了。

意料之外的"流放"

1972 年的总统大选中，尼克松创下了将 49 个州收入囊中的辉煌局面，以压倒性的优势赢得了连任。

第二天一早，内阁官员们都被传唤到了白宫，彼得·彼得森的心情很激动，他想，总统一定是想和他们一起庆祝胜利。然而，在白宫，没有香槟，没有庆祝，有的是一个噩耗般的消息——总统希望他们马上辞职。

所有人都愣住了。选举胜利的兴奋与激动，一下子变成了焦虑、不解与沮丧。后来，新闻报道说，尼克松是第一个让全体内阁成员辞职的总统。

怀着困惑回到自己的办公室之后，彼得·彼得森又得到了一个消息——总统希望第二天在戴维营与他会面。

第二天一早，彼得·彼得森与另一位被邀请的官员、当时担任行政管理和预算局局长的卡斯珀·温伯格一同登上了海军陆战队专机。在飞机发出的巨大轰鸣声中，他们飞往位于马里兰州西部的戴维营。

飞行途中，彼得·彼得森与卡斯珀·温伯格一直很紧张，他们不知道此行将会使他们面临什么样的命运。他们互相开玩笑说，"不知道飞机地板上哪里会有'活动门'，把我们都吸入一个政治冷宫"。

飞机顺利地到了戴维营，卡斯珀·温伯格没有遇到什么"活动门"。他得到了提升，尼克松让他担任卫生教育和福利部部长，这是一个重要的职位。而彼得·彼得森却一语成谶。

在戴维营客厅，尼克松总统对他赞美不已，他说他读过所有那些声称彼得·彼得森是胡佛以来最好的商务部长的新闻报道，但他认为那些报道都不属实，因为他觉得与胡佛比起来，彼得·彼得森更加出色，胡佛与他没有可比性。他还称赞彼得·彼得森在参与美方峰会代表团时为谈判做出的巨大贡献。

彼得·彼得森一边听着尼克松总统的溢美之词，一边在脑子里盘算着，他会任命自己一个什么职位。是国务卿？不对，这一职位理所当然应该属于亨利·基辛格的。那么，是财政部长，还是国防部长？

但尼克松总统接下来的话出乎他的意料。他开始说起仍在构思中的一项新的外交政策提议。在新的任期里，他打算重新修复与欧洲伙伴的关系，甚至想让 1973 年成为"欧洲年"。在这一年，他们将要重新界定美国与西欧之间的关系，主要是与英国、德国和法国的关系。尤其是法国，法国深深地抱有戴高乐主义的幻想，认为自己了不起，因此对大西洋两岸的关系不理不睬。因为彼得·彼得森曾经倡导同主要欧洲盟国广泛谈判，包括贸易、国防和能源，因此，尼克松总统希望彼得·彼得森能使他的构想成为现实。

他提议任命彼得·彼得森为第一任美国驻欧洲大使。这个新职位意味着，彼得·彼得森要担任几乎所有驻欧洲的多个大使，包括驻北约大使、驻欧洲经济共同体大使、驻经济合作与发展组织大使等。他的办公室将设在比利时的布鲁塞尔。

尼克松总统的这一任命让彼得·彼得森惊讶不已。在他看来，派驻欧洲大使是一个非常冒险的想法。这个职位也会面临数不胜数的富有挑战性的谈判机会。或许，他可以在这个职位上施展自己的才华。但他没有贸然做决定，他告诉总统他需要认真思考一下，再做出答复。

回到华盛顿后，拿不定主意的彼得·彼得森去拜访了自己的一位老朋友，他叫彼得·利萨戈，是《芝加哥每日新闻报》华盛顿办事处的主任。

　　彼得·利萨戈一语惊醒梦中人："彼得，这个职位真是太有趣了，但是，你必须搞清楚的一点是，他们的目的并不是让你远离华盛顿。"

　　彼得·利萨戈的话让彼得·彼得森心头一惊。难道尼克松总统是想把他"流放"到欧洲？虽然这个职位听起来冠冕堂皇，也可以享受一系列优厚待遇——豪华轿车、漂亮的办公室、外交住房，但它的职责定义却非常模糊，他的政绩也很难甚至无法评估。或许，尼克松总统只是想把他调离华盛顿？

　　但这个职位对彼得·彼得森确实有着巨大的诱惑力，因为它能让他充分发挥自己的才干。不过，考虑到孩子们的学业以及前期的工作准备，彼得·彼得森打了一个电话给约翰·埃利希曼，与他商量是否能在六个月后到布鲁塞尔上任。

　　在电话里，约翰·埃利希曼沉默了很久，然后他告诉彼得·彼得森，他会回电话给他。五分钟后，他就打来了电话，他说："六个月后才去布鲁塞尔是不可能的。必须现在就动身出发，否则就不用去了。"

　　约翰·埃利希曼的话让彼得·彼得森此前的猜想得到了验证：尼克松总统的确是想把他调离他的身边。他知道，自己商务部长的职位已经是朝不保夕了。

　　彼得·彼得森不想等到尼克松总统向他下驱逐令，为了避免陷入难堪的局面，他主动选择辞职。后来，他在自传中说道：

　　　　当你在华盛顿担任高官的时候，让你离职的往往不是你邮箱里的一张解雇通知书，而是要自己去领悟。当乔治·舒尔茨告诉我白宫对我"不安"的时候，我才恍然大悟。到了这个时候，你就会知道你下一步应该如何做了：要么狠狠心自己选择离开，要么狼狈地等着别人将你驱逐。我宁愿选择前者。[1]

1972 年 12 月，那些被清理出白宫队伍的官员们开始举行告别派对。其中一个派对引起了很多人的关注。那次，汤姆·布雷登和琼·布雷登召集了所有的乔治城社交圈成员：亨利·基辛格、凯瑟琳·格雷厄姆、肯尼迪一家、阿尔索普夫妇、鲍勃·麦克奈玛拉、参议员威廉·富布赖特、前驻外大使及巴黎和会特使戴维·布鲁斯。

那次派对的气氛前所未有的热烈，这与彼得·彼得森有很大的关系，因为他发表了一番精彩的演说：

"首先，我想用我手中的酒敬鲍勃·霍尔德曼一杯。正如你们知道的，这届政府是非常重视忠诚的一届政府，如果哪位白宫官员与你们做朋友，那么他一定很有勇气，因为这会使他很不安全。因此，上头要求我做一个忠诚测试，鲍勃是测试考官。这个测试包含三个标准，这三个标准都是以字母'P'开头的，分别是政治（political）、心理（psychological）和生理（physiological）忠诚。在测试结果没出来前，我可以提前告诉你们结果，这三项我都不及格。在政治忠诚测试上，鲍勃问我：'你老婆是不是真的把选票投给了麦戈文？'我告诉他：'鲍勃，有很多私密的事情，老婆是不愿意与老公分享的。'在心理忠诚测试上，鲍勃希望我用一个词描述我的朋友查克·珀西。我尝试着说出了一个答案'共和党人'，却被否定了。于是我换了一个，'芝加哥人'。'不，'他说道，'应该是呕吐。'我在生理忠诚测试上也表现不佳。但请相信，我真的已经尽了全力。由于我的腿肚子太肥大，以至于我没法"咔嚓"一声立正。现在，我要对鲍勃·霍尔德曼说，他开除一个像我这样在忠诚测试上表现差的成员是十分正确的。"

[1] 彼得·彼得森：《黑石的选择》，浙江人民出版社，2018 年。

彼得·彼得森的话让大家笑个不停。

几天后，彼得·彼得森的助手布兰登·斯韦泽给他打来电话，告诉他萨莉·奎恩在《华盛顿邮报》上发表了一篇重要报道，他那天所说的话全都被记录在了这篇报道里。

这篇报道被刊载在《华盛顿邮报》"时尚"版的头版，标题为《彼得森的麻烦》。文章援引"一位高级白宫官员"的话说："彼得·彼得森陷入麻烦的原因是他太较真。"然而，当时所有在场的人所记住的，却是关于肥大腿肚子的内容。无论是杰克·安德森的系列报纸专栏还是其他大型杂志，到处都在报道这个肥大腿肚子的笑话。这成了华盛顿的市民们茶余饭后的谈资。在接下来的许多年里，肥大腿肚子一说一直跟随着彼得·彼得森。

他曾讲过的一件事可以作为佐证：在德国的时候，当时的德国国防部长（后来的总理）赫尔穆特·施密特接待他的时候，曾经特意询问了他肥大腿肚子的状况。这件事过去三十年后，前堪萨斯州参议员及参议院多数党领袖鲍勃·多尔还让他卷起裤脚，好让他亲眼看看他的腿肚子到底有多肥大。

彼得·彼得森的腿肚子说让他因祸得福，在"水门事件"发生后，很多报道认为他是内阁成员中最有预见性的一位。有些人甚至推测，只有彼得·彼得森一个人预测出"水门事件"在未来的影响。正如曾经担任纽约州州长的纳尔逊·洛克菲勒对他说的那样："现在你可能会因此而感到不快，不过，在将来，越来越多的人会看到你做商务部长时做出的成就，他们也会记得你那腿肚子一说。每个人都会清醒地认识到，白宫那伙人是一群纳粹主义混蛋，而你是第一个有勇气把这个事实说出来的人。笑话都是这样的，它不但引人发笑，而且真实。请相信，人们一定会长久地记得你的'腿肚子'。"

虽然结局并不圆满，但在华盛顿的日子对彼得·彼得森的人生意义非凡，后来他总结道：

在尼克松政府任职，我拥有了一些独特的经历，也建立了一些美好长久的国际友谊。它们为我后来在生意上和大型非营利组织的机遇铺垫了基石。虽然华盛顿的日子风起云涌，但如果没有在那儿待过 30 个月，后来的生意和非营利组织活动也都是无法成功的。[1]

---

[1] 彼得·彼得森：《黑石的选择》，浙江人民出版社，2018 年。

第七章

雷曼救星：忠于自己的内心，坚守底线

之所以选择雷曼兄弟公司，是因为雷曼兄弟公司的主营业务是投资业，它不仅会物色有潜力的新公司，对其进行投资，而且会购买并投入精力和资源来组建自己的实业公司，这恰好实现了彼得·彼得森"亲眼看见自己的一个想法化为有形之物，成为现实的存在"的愿望。

重返商界

被"清洗"出内阁后，彼得·彼得森决定结束他短暂的政治生涯，重返商界。经过了在政坛跌宕起伏的三年时间，他愈发体会到，商界才是真正适合他的领域，能让他充分发挥自己的优势。

从华盛顿归来，彼得森把目光投向了华尔街。之所以选择华尔街，他说："那时候，我才第一次认识到，能获得巨大财富的是那些投资者和企业家，而律师、咨询师和金融顾问等凭借着自己的专业知识和技能获得薪酬的人，是不可能赚大钱的。而且，我也清楚地认识到，我不想将自己的精力只投入到一两个工业领域，我的优势在于人际资源，我相信，有很多单位需要的恰恰是像我这样有着广泛社会关系的人。

"虽然在此之前，我并没有从事金融工作的丰富经验，但是不要忘了，华尔街一直流行的一句话：只要能学会二年级的数学，就能在华尔街找到一份工作。我认为我是能在华尔街立足的，因为我能快速地学习新知识，我有这个能力。而且，我也不需要再去学习那些专业技能，因为华尔街已经有太多人操作诸如红利换取可兑换的信用债券等交易细节。我有我的强项，比如我有管理公司的经验，还有很多人脉，还有就是在华盛顿任职期间所积累的国际经验。"[1]

以彼得·彼得森的能力与经历，找一份工作易如反掌。自从他向

---

[1] 彼得·彼得森：《黑石的选择》，浙江人民出版社，2018年。

外界透露了自己的职业选择意向后，很多企业都向他抛来了橄榄枝。美国运通公司邀请他加盟，他将担任公司总裁，与这家公司的首席执行官霍华德·克拉克共事。所罗门兄弟公司想让他加入这家公司的执行委员会，帮助他们经营投资银行业务。瑞士信贷第一波士顿银行也希望他能来做公司首席执行官。

不过，这些公司都没能引起彼得·彼得森的兴趣，他认为："虽然我在金融、公司兼并与资产收购方面还算得上是个高参。不过，你的建议别人可以采纳，也可以不采纳。对我来说，要想真正赢得财富和真正给自己带来满足感，必须拥有、构建和发展企业。你每日的决策能够积累成企业的精神，渐成气势。你可以亲眼目睹自己的一个想法化为有形之物，成为现实的存在。资本收益的税率与劳动收入的税率间差距很大，因而投资企业的风险还得到了减免纳税的奖励。"[1]

权衡之下，彼得·彼得森最终选择了雷曼兄弟公司。1973 年 6 月 5日，他正式入职雷曼兄弟公司，担任这家知名企业的副董事长。

之所以选择雷曼兄弟公司，是因为雷曼兄弟公司的主营业务是投资业，它不仅会物色有潜力的新公司，对其进行投资，而且会购买并投入精力和资源来组建自己的实业公司，这恰好实现了彼得·彼得森"亲眼看见自己的一个想法化为有形之物，成为现实的存在"的愿望。

对彼得·彼得森的家庭来说，这也是一个更好的选择。他的妻子萨莉·洪伯根不喜欢在华盛顿的生活，她经常会发表反对尼克松政府的言论，这给彼得·彼得森的政治生涯造成了极大的负面影响，尼克松总统将其视为"不忠诚的人"，有一部分原因或许正在于他妻子的反对言论。离开华盛顿来到纽约后，萨莉·洪伯根顿时感觉放松了很多，在纽约，她如鱼得水，很快就认识了一些新朋友，她很享受自己的新生活。而且，萨莉·洪伯根还抓住机会为自己找到了除了"妻子"之外的另外一个

---

[1] 彼得·彼得森：《黑石的选择》，浙江人民出版社，2018 年。

角色——心理医师。以前在华盛顿的时候，她在美利坚大学进修过一些心理学的专业课程，到了纽约后，她通过在纽约大学的学习获得了心理学硕士学位。

在彼得·彼得森决定离开华盛顿到雷曼兄弟公司就职时，还发生了一个不得不提的插曲。

1973 年 5 月底，彼得·彼得森接到了亨利·基辛格打来的电话，他告诉彼得·彼得森，尼克松总统希望他能承担一个新的任务：制订"欧洲年"谈判计划。尼克松总统认为，彼得·彼得森是有能力完成这项任务的，并且是最佳人选，而且，这项任务不会影响他接任雷曼兄弟副董事长一职。

这项职务的确引起了彼得·彼得森的兴趣，但是他要求尼克松总统能给他几周的时间，因为他的当务之急是在雷曼兄弟公司先立足。等到他适应了自己的新工作后，他会花费一些时间和精力来完成这个任务。

亨利·基辛格答应了他的请求，不过，尼克松总统的新幕僚长亚历山大·黑格却坚持要在 1973 年 6 月 6 日宣布彼得·彼得森接手这项任务。关于这项"欧洲年"任务的讨论会是由他负责的，他的话语权最大。

彼得·彼得森认为这完全是在刁难他，因为他不可能做到这一点，因为 6 月 5 日是他加入雷曼兄弟公司的日子，而亚历山大·黑格却要求他在第二天就宣布自己将接受一项需要长期奔波于美国与欧洲之间的政府任务，这有可能会毁掉他在雷曼兄弟公司的职业生涯。对他来说，现在最重要的事情，就是做好自己的新工作。因此，他坚持要在新岗位上过渡一段时间后，再接手这项任务。

亚历山大·黑格丝毫不妥协，这让彼得·彼得森困惑不已。直到有一天，当他们在电话中因为此事争论不休时，亚历山大·黑格说出了真实的原因：是尼克松总统坚持让他这么做的。

彼得·彼得森这才恍然大悟，紧接着，一股怒气涌上了他的心头，他激动地说："黑格，总统之前为了把我甩开，曾经把我调到一个虚职上。现在，他却丝毫不为我考虑，固执地要求我必须在规定时间里接受一个新的任命，这样实在是令人失望。所以，我现在要给出我的答案，那就是'不'。"

一年之后，彼得·彼得森才明白，回绝这个任务使他躲过了一劫，没有因为"水门事件"而深陷泥潭之中。

不过，尽管在为尼克松总统工作的那段时间里有过很多不快，彼得·彼得森仍然十分尊重他的睿智、勇敢。在离开华盛顿后，彼得·彼得森与尼克松总统的私人关系反而更好了。在彼得·彼得森的自传中，曾记录了他与尼克松总统的两次交往：

一是 1977 年，尼克松给彼得·彼得森写了一封信，感谢他"对国家的奉献和突出贡献"，并且补充说，国家仍需要他"非比寻常的能力和智慧"。

二是 20 世纪 90 年代早期，在尼克松位于新泽西州萨德尔河的办公室里，彼得·彼得森与他见过一面。当他到那里的时候，尼克松亲自为他开了门。他们花了一个半小时的时间讨论世界局势。彼得·彼得森发现他对世界大事了解得还是那么透彻。那也是他们最后一次相见。

当彼得·彼得森于 1973 年加入雷曼兄弟公司时，这家华尔街著名公司正处于危机之中，其内部派系间的争斗使得他们需要一名"外来者"进行协调，彼得·彼得森正是他们各方权衡与妥协后的选择。

雷曼兄弟公司为什么会陷入危机中？故事还要从头说起。

亨利·雷曼是一个卖牛商人的儿子，1844 年他在亚拉巴马州的蒙哥马利开了一家名为 H. Lehman 的干货商店。后来他的弟弟伊曼纽尔·雷曼和迈尔·雷曼先后加入公司，于是这家公司改名为 Lehman Brothers，也就是雷曼兄弟公司。

在 19 世纪 50 年代的美国南部地区，棉花是最重要的农作物。利用棉花的高市场价值，三兄弟开始定期从事由客户付款的原棉贸易，然后进行第二次棉花的商业交易。在 1855 年，亨利因黄热病过世之后，其余的兄弟继续从事着他们的商品交易及经纪商业务。1858 年，棉花贸易中心由美国南方转移到纽约。雷曼兄弟公司在纽约市曼哈顿区自由大街 119 号开设第一家分支机构的办事处。南北战争结束后，他们将公司总部迁移至纽约，将业务范围从棉花交易逐渐扩大到投资银行。到 1906 年，雷曼兄弟公司已经从一家贸易商真正转变成为证券发行公司。同一年，在菲利普·雷曼的掌管下，雷曼兄弟公司与高盛公司合作，将西尔斯·罗巴克公司和通用雪茄公司上市。

菲利普·雷曼于 1925 年退休，由他儿子罗伯特·雷曼接任公司领导。罗伯特·雷曼昵称"波比"，是一个思想进步的民主党人，曾任纽约州州长和联邦参议员。他以慧眼识珠、能及早发现处于创业期企业的巨大潜力而闻名。在他的领导下，雷曼兄弟公司在股票市场复苏时因侧重于风险资本而度过了资本危机大萧条。

罗伯特·雷曼主持雷曼兄弟公司直到 20 世纪 60 年代末，这一时期，他在公司内部建立了无可动摇的统治地位。然而，1969 年罗伯特·雷曼去世后，雷曼兄弟公司一下子群龙无首，开始陷入激烈的内部争斗之中，各个派系你争我夺，毫不相让。

虽然一位叫作卢修斯·克雷的人被任命为执行委员会主席，但是雷曼兄弟公司当时实际上是由另外三个人把持的：弗雷德·埃尔曼，他对世人都充满了憎恶，后来被包括他自己侄子在内的一个小组开除；乔·托马斯，先后毕业于埃克塞特大学、耶鲁大学和哈佛商学院，他的儿子已经进入雷曼兄弟公司；赫曼·卡恩，一个个性十足的银行家，他的儿子也已进入雷曼兄弟公司。由三个互相不和、各有算盘的人来共同领导一份事业，注定了这份事业将会一步步走向黑暗。

彼得·彼得森曾听说过一个流传甚广的故事：雷曼兄弟公司大多数高级合伙人的办公桌都在同一间办公室内，因为他们离开了彼此的视线就会心生怀疑。在公司内部，没有一个清晰的路径表明他们如何成为合伙人的。对合伙人的股份和分红的决定也都是秘密进行的。因此，这个小圈子内部的人就像拜占庭的王子们一样互相算计对方，他们各管一摊，互不通报信息。

在加入这家公司之前，彼得·彼得森犯了一个错误：他没有对公司进行全面的了解，更不知道这家表面上看上去欣欣向荣的大公司内部已经糟糕到如此程度。当时他急于离开华盛顿，希望尽快进入下一个人生阶段，以至于"根本没有想到慎重一词"。

开始工作之后，彼得·彼得森才发现，雷曼兄弟公司合伙人之间猜忌防备、派系斗争严重，这给他的工作带来了巨大的阻力。

彼得·彼得森的职位是副董事长兼一个由四人组成的执行委员会的成员。这个执行委员会的其余成员是弗雷德·埃尔曼、沃伦·海尔曼和安德鲁·塞奇二世，弗雷德·埃尔曼当时是雷曼兄弟公司的董事长兼首席执行官，他是一个脾气暴躁、毫无敬畏之心的人。沃伦·海尔曼是弗雷德·埃尔德的侄子，彼得·彼得森对他甚为欣赏，认为他是一个优秀的银行家，具有坚定的职业价值观。安德鲁·塞奇二世与彼得·彼得森同为这个执行委员会的副主任，不过，他虽然担任这一职务，对管理公司却毫无兴趣。

彼得·彼得森到雷曼兄弟公司上班还不到一个月，执行委员会就发生了一件令人震惊的事：一名内部审计师发现了公司交易员尚未察觉的数百万美元的损失。

有一天，公司的首席财务官亚瑟·弗里德推门走进他们正在开会的会议室，他一只手紧紧抓着厚厚的一沓文件，脸色惨白，语气中透出不安。他说，公司的政府债券交易业务已经损失了 1500 万～2000 万美元的税前收入。这些债券理应按照当时的市场价格定期进行计价，但负责债券交易业务的合伙人刘易斯·格鲁克斯曼却没有这样做。刘易斯·格鲁克斯曼的人赌利率会下降。事实上，利率不但不降反而上升了，而且在不断上升。由于债券价格下跌而现行利率上升，债券的价值一落千丈。同时，为购买这些债券而借贷的成本越来越高，远远超出了政府发行这些债券所带来的微薄收益。鉴于雷曼兄弟公司的股票价值总共只有大约 1700 万美元，因此，可以认为那些投资完全是一场轻率的赌博。

政府债券交易陷入灾难的消息以迅雷不及掩耳之势传遍了公司上

下。从合伙人、后台办公人员到后勤支持人员，每个人的反应各不相同，有的愤怒，有的近于惊慌。几天之内，纽约证券交易所就将雷曼兄弟公司列在了早期预警的企业名单上，在那个名单上，都是一些已经逼近资不抵债危险边缘的企业。这场危机使雷曼兄弟公司也像它们一样濒临破产。

很多合伙人都要求刘易斯·格鲁克斯曼引咎辞职。不过，在彼得·彼得森看来，导致这场危机的责任人不仅是刘易斯·格鲁克斯曼，弗雷德·埃尔曼也难辞其咎。他担任公司的首席执行官，负有领导责任。

合伙人的不满情绪越积越多，很快就到了必须公开摊牌的地步。1973 年 7 月 19 日晚上，高级合伙人乔治·鲍尔将一些合伙人召集到他家中，在那里，他提出了一个出乎大家意料的建议：公司必须由更有能力的人来领导，而最适合的人莫过于彼得·彼得森了。在他看来，虽然彼得·彼得森在金融领域是一个新手，却有其独有的优势：他与银行家、交易商或其他派系组成的小圈子都没有任何牵连。而且他在企业界很有名望，如果他能成为雷曼兄弟公司的领导者，一定能帮助公司重新恢复信誉、重获客户信任。

虽然在此之前乔治·鲍尔已经提醒过彼得·彼得森他会提出这样的建议，但彼得·彼得森仍然感到震惊。当时他才进入雷曼兄弟公司只有几个星期的时间。不过，当所有人都赞同乔治·鲍尔的建议，并且把殷切的目光投向他时，他还是决定接下这个烫手的山芋。

不过，让弗雷德·埃尔曼心甘情愿地退位，简直难于上青天。有几个合伙人告诉彼得·彼得森，"没有办法做到这一点"。尽管如此，彼得·彼得森还是希望能和平地解决此事。

他说服乔治·鲍尔与沃伦·海尔曼一同前往弗雷德·埃尔曼的办公室，与他摊牌。彼得·彼得森开诚布公地对弗雷德·埃尔曼说："政府债券交易损失巨大，对公司造成了重创，客户流失的危险一触即发。合伙人一致决定必须变更公司领导，实现公司的重组，以消化掉这次损失并防止类似事件再次发生。我个人并没有要求获得这一职务，但是合伙人商定选择我作为人选。"

此外，他还向弗雷德·埃尔曼提出了一个很有可行性的建议："你可以立即宣布，你决定在今年年底退休，同意由我做你的继任者。你可以说是你自己选聘了我，理由就是你的年龄和健康问题。从现在开始到今年年底前的 5 个月，我会继续担任公司的副董事长，尽我所能使公司正常运作。"

在彼得·彼得森看来，他已经为弗雷德·埃尔曼提供了一个保全面子的方式。谁知道他却完全不领情，而是破口大骂起来，并让他们马上滚出他的办公室。

不过，虽然弗雷德·埃尔曼拒绝让位，董事会还是投票决定马上进行职务交接。他们知道，为了让雷曼兄弟公司摆脱即将破产的境地，这已经是势在必行了。

于是，1973 年 8 月 1 日，在加入雷曼兄弟公司不到两个月的时间，彼得·彼得森成了这家公司的首席执行官。尽管彼得·彼得森的晋升速度一向惊人，但是这样的速度仍然创造了一个令人惊叹的新纪录。

华尔街的"白色骑士"

彼得·彼得森将在雷曼兄弟公司的第一年称为"一生中最艰难的一年"。经过了长达四年的权力斗争，雷曼兄弟公司不但人心涣散，而且业务也杂乱无章，它就像一艘破船，到处是洞，摇摇欲坠，仿佛随时都会散架。

作为雷曼兄弟公司的掌舵者，彼得·彼得森以身作则，以自己的行动做出榜样。他没有像其他管理者那样摆出奢华的派头，把办公室装潢得富丽堂皇，而是只选了一间面积只有十几平方米的小办公室，这只相当于他当商务部部长时办公室的壁橱的大小。他也没有订购新家具，所有家具都是旧的。他希望通过这种方式向公司上下展示他清楚目前公司正处在困难时期，更以此表达自己与公司风雨同舟的决心。

自从走马上任以来，彼得·彼得森每天都在马不停蹄地奔波。当时公司面临的最大危机来自雷曼兄弟公司的竞争对手。为了抢走客户，他们宣扬雷曼兄弟公司的资金链已经濒临断裂，公司前景堪忧，随时都有可能破产，他们还告诉客户雷曼兄弟公司所有业务领域的市场份额都在下滑。虽然彼得·彼得森不齿于这些竞争对手的行为，但又不得不承认，他们所说的都是事实。他一方面想方设法保住公司现有的客户群，一方面通过大规模的裁员降低公司的运营成本。

彼得·彼得森的裁员行动是雷厉风行的，不仅那些对公司没有价值的底层员工会被果断地裁掉，就连一无所能的合伙人们也在裁员之列。裁员最多的是销售部门、刘易斯·格鲁克斯曼的政府债券经营部门和冗员过多的行政管理部门。1973年秋天，公司工资名单上的人数下降了25%左右。

清理冗余、去掉"人才泡沫"后，彼得·彼得森又开始梳理雷曼兄弟公司的业务。他要求手下对雷曼兄弟公司的业务状况进行详细分析，找出哪些领域是盈利的，哪些生意是亏损的。在他看来，对一个产品生产线的利润状况和竞争能力进行分析是任何一家公司都必须进行的标准流程。可是事实却令人震惊——雷曼兄弟公司对自己的众多业务领域，无论是投资银行、经纪公司，还是资产管理都缺乏了解，甚至没有统计过盈利状况。

彼得·彼得森不明白，雷曼兄弟公司为什么会在一无所知的情况下涉足这么多业务领域，思虑良久，他只找到了一个答案，那就是其他企业都在做这些业务，雷曼兄弟公司便跟风去做。

对公司业务进行分析成了当务之急。不过，把这项业务外包给其他公司要花费巨大的成本，因为他们需要从零开始熟悉雷曼兄弟公司的业务。于是，彼得·彼得森决定充分利用内部的专家。雷曼兄弟公司内部有很多出色的人才，但他们的知识和专长一直没有得到发挥，让他们承担这项任务，不但可以为公司节省大量的成本，还能起到"练兵"的作用，让他们在工作中得到锻炼与成长。

彼得·彼得森按照业务分工成立了许多工作小组，根据员工的特长将其分配到相应的工作小组，人尽其才，才尽其能。当每个人都找到了自己合适的位置，在工作中充分发挥自己的作用时，他们就会认识到自己的自我价值，并且对公司产生一种高度的认同感。在所有人的通力合作下，很快，一些可靠的分析报告与切合实际的解决方案就放在了彼得·彼得森的桌上。这些切实可行的分析报告为实现雷曼兄弟公司的高效运营发挥了巨大的作用。

政府债券交易上的损失使雷曼兄弟公司经历了举步维艰的一年，到1973年9月30日财年结束，雷曼兄弟公司总计损失了800万美元。

在彼得·彼得森的努力下，到了深秋，他们已经停止了亏损，重新开始盈利。公司的债务和资产渐渐恢复平衡，纽约证券交易所也将雷曼兄弟公司的名字从早期警告的名单上删除了。

1973 年 11 月，《纽约时报》上刊登了一篇关于雷曼兄弟公司的报道，称"危机已经过去"，并将公司的合伙人描绘成"齐心协力的团结型团队"。这篇报道还对彼得·彼得森进行了高度评价，把他形容为华尔街的"白色骑士"，说他是借一场自己并未参与谋划的"政变"上的台，成了公司的董事长，带领雷曼兄弟公司渡过难关，并重塑辉煌。

就这样，一个财年很快就结束了，到 1974 年 9 月 30 日，雷曼兄弟公司不但有了脱胎换骨的改变，而且还创造了 2500 万美元的盈利——在当时，这个数字算得上是一个天文数字。

不过，扭亏为盈对雷曼兄弟公司来说是远远不够的。濒临破产的经历已经严重损害了公司的声誉，竞争对手利用这一点散布着活灵活现的谣言，好让人们相信雷曼兄弟公司依然未能走出困境。要想重新获得客户的信任、吸引新的合伙人，彼得·彼得森必须向他们证明，公司依然有能力长期开展业务。而要做到这一点，需要雄厚的资金支持。

在 20 世纪 70 年代初期，缺乏资金是很多企业共同的难题。当时政府对交易活动监管的政策发生了变化，它对整个金融行业正式发出警告，所有公司都必须增加资本，以提高自己抗风险的能力。但市场上可用的资金资源是有限的，为了获取更多的份额，各个公司开始了激烈的争夺。

然而彼得·彼得森却没有加入到这场争夺中。他意识到，与其花费巨大的精力从有限的资金资源中分一杯羹，不如独辟蹊径，另谋出路。当时，一些跨国银行正在探索如何进入美国市场。彼得·彼得森把目光投向了这些跨国银行，希望与他们合作。

巧合的是，乔治·鲍尔有一位叫作恩里科·布拉吉奥蒂的朋友，正是意大利商业银行的总经理。这家银行规模巨大，实力雄厚，是一个非常好的合作伙伴。彼得·彼得森希望能与这家银行建立合作关系。

为了顺利"拿下"恩里科·布拉吉奥蒂，彼得·彼得森开始制定新的业务发展计划。彼得·彼得森决定将公司的经营方向锁定在擅长的领域，放弃那些表现不佳或需要巨额资本的业务，原因是他"不想涉足不具备优势的领域"。他要求公司内部专家团队完成的公司业务分析报告在此时发挥了巨大的作用，为公司新的发展目标指明了方向。这份报告表明，雷曼兄弟公司的兼并与收购业务做得很好，是一项可以做大做强的业务，而且这个业务领域也不需要投入很多资本。

明确了未来业务发展的路径之后，彼得·彼得森监督撰写了一份专题报告，他和乔治·鲍尔带着这份报告一同前去拜访恩里科·布拉吉奥蒂。在飞机上，彼得·彼得森感到自己肩上的担子异常沉重，他知道，此行关系到雷曼兄弟公司的未来。对这份报告究竟能否打动意大利人，他心中并无把握。

在意大利商业银行的瑞士办事处，彼得·彼得森受到了热情友好的接待。他用了几个小时的时间解释了整个商业计划，恩里科·布拉吉奥蒂表现出了浓厚的兴趣，但仍表示要认真考虑之后再做答复。

彼得·彼得森怀着忐忑的心情回到了纽约，在煎熬中等待了两天后，恩里科·布拉吉奥蒂终于做出了正式答复：意大利商业银行同意与雷曼兄弟公司合作，他们将会向雷曼兄弟公司注入 700 万美元，条件是得到雷曼兄弟公司 15% 的股份外加 250 万美元的优先股。

这个消息让彼得·彼得森非常高兴。对雷曼兄弟公司来说，这是一个两全其美的方案。优先股使这些意大利人在利润分红和剩余财产分配上获得优先权，但由于分红不会太多，而且他们持有的又是无投票权股票，所以避免了合伙人持股比例降低的严重事态，保持了公司在管理上的独立性。

首战告捷后，彼得·彼得森又与亚伯拉罕集团达成合作，这一合作为雷曼兄弟公司带来了 490 万美元的股本金。这些普通股本的注入不但使雷曼兄弟公司得到了迫切需要的资本，而且还为其赢得了广泛的赞誉。

接二连三的成功合作在华尔街激起了阵阵涟漪，那些在背后搞鬼的竞争对手们再也无话可说，流言不攻自破。

在获得充足的资金后，彼得·彼得森认为，是时候进行业务转型，扩大公司的兼并与收购业务了。在他看来，这样做的理由非常充足："要将客户从其传统的证券包销银行那里挖出来是很困难的，但我与许多公司的首席执行官保持着良好的个人关系，我认为这种关系有助于雷曼兄弟公司在企业并购业务领域的发展，雷曼兄弟公司在这项业务中的角色是咨询和提供资金。"[1]

1975 年，彼得·彼得森成立了一个由银行合伙人组成的工作组。这是雷曼兄弟公司第一次正式开展的新业务项目，事实证明这是一项正确的举措。企业并购业务迅速飙升。两年的时间里，在后来与彼得·彼得森一起创建黑石集团的史蒂夫·施瓦茨曼（Stephen Schwarzman）的帮助下，雷曼兄弟公司赢得了与瑞士信贷第一波士顿银行的冠军之争，对方是由布鲁斯·沃瑟斯坦和乔·佩雷拉组成的超级组合。

史蒂夫·施瓦茨曼当时只有 28 岁，却表现出了令人惊叹的才能，深受彼得·彼得森的赏识。后来，这位先后毕业于耶鲁和哈佛的高材生在 31 岁时就晋升为雷曼兄弟公司的合伙人。

---

[1] 彼得·彼得森：《黑石的选择》，浙江人民出版社，2018 年。

无法合伙的合伙人

在彼得·彼得森的带领下，雷曼兄弟公司重新走上了正轨，开始了一个蓬勃发展的辉煌时代。然而，阳光之下必有阴影，合伙人之间的冲突与纷争仍时有发生，这令彼得·彼得森心寒不已。

对利益分配的不满，是合伙人们"内讧"的主要原因。在经营雷曼兄弟公司的那些年里，彼得·彼得森曾无数次目睹合伙人为了利益而反目成仇，他由此深刻体会到了，贪婪是人性的原罪之一。

1974 年 9 月，财年结束时，虽然公司的财务状况仍然十分紧张，但为了奖励员工们为公司做出的贡献，彼得·彼得森决定拿出一部分钱来进行分红。

这时，矛盾出现了。除了彼得·彼得森之外，执行委员会的委员们大多得到了 35 万—40 万的奖金，只有一人得到了 42.5 万美元。有些人因此而不满，他们认为，那个比他们多领了奖金的合伙人的功劳并不比他们大。他们因此开始攻击奖金分配制度，说这个制度不公平，说彼得·彼得森搞"暗箱操作"。

这让彼得·彼得森恼火不已。虽然他不停地劝慰自己不要去跟这些"被宠坏的忘恩负义的笨蛋们"斤斤计较，但失望的情绪就像一层薄雾，一直笼罩在他的心头。他意识到，虽然他历尽波折将雷曼兄弟公司从濒临倒闭的边缘起死回生，却无法改变那些合伙人们贪婪而又自私的食肉动物本性。

而与奖金的分配相比，这次纷争只能说是小事一桩。

1974年年底，为了公平地对奖金进行分配，彼得·彼得森决定借鉴自己在贝尔·豪威尔公司的经验，按照公正、有效、基于业绩的原则制定一个行之有效的、与员工业绩挂钩的奖金分配制度。

在此之前，雷曼兄弟公司的奖金分配完全是在秘密状态下进行的，完全没有章程可循。雇员根本不清楚公司的分红和升迁机制，那些高高在上的合伙人才是年底分红的决定者，他们根本不考虑雇员的实际贡献，只顾个人利益，这屡屡引发员工们的不满与抱怨。彼得·彼得森希望用奖金分配制度改变这种状况。

根据奖金分配制度，彼得·彼得森建立了一个同行审查委员会，由三个最受尊重和信任的银行家合伙人罗杰·奥特曼、弗朗索瓦·德·圣法尔和文森特·麦来负责同行审查。他们将上一年度所有新的银行业务都逐项列出，然后与参与这些交易的每一位银行家都进行了面谈，目的是确定在为这些新开发的业务客户进行贷款的活动中，每个人所起的作用各占多大的比例。

然而，结果令人惊讶。彼得·彼得森在《黑石的选择》中讲述了这件在他看来非常滑稽的往事：

> 一个单口相声演员可以把这件事编成笑话来讲，他可以这样说开场白："给大家讲一个想编都编不出来的真实故事。"任何一个理性的人都知道，在一笔贷款业务中，每个人完成的信贷百分比相加之和应该等于100%，或接近这个数字。呵呵，我们的评审结果却是，上一年度雷曼兄弟平均每笔信贷的总额是450%！显然，一些合伙人声称他们招揽了新的贷款业务，但实际上他们几乎没做多少或者与这些业务根本一点儿关系都没有。
>
> 在考核对万国收割机公司的贷款业务时，情况特别过分。我与通用食品公司的首席执行官一起担任该公司董事会的财务委员会委员。有一天，他打电话给我，说他与摩根士丹利公司不和，

想将万国收割机公司的投资银行业务移交给我们公司。事情就是这么简单,与其他人毫不相干。他让我选派公司最好的银行家去接管这笔业务。在这一年我很幸运,雷曼兄弟公司当年所开发的新业务中有相当一部分是由我开发出来的。不过我指示同行审查委员会,在审查开发该公司这笔新业务的人员名单中,不要将我计算在内。这意味着其他人声称的向万国收割机公司提供了信贷业务的贡献总和加起来应该等于零,然而事实却并非如此。有7个合伙人声称对该公司信贷业务的开发有自己一份,他们声称的份额累加达270%![1]

这样的合伙人让彼得·彼得森感到非常沮丧,他知道,心不齐,则事业难成。他越来越清楚地认识到这一点:"虽然我们成功增强了雷曼兄弟的市场竞争力,但这不过是将这栋值得尊重的老房子加固了一番而已,我觉得这栋房子内部还缺乏精英管理以及开放和公平的文化。"

在又一次让人充分体现了合伙人唯利是图嘴脸的年终奖分配会议上,彼得·彼得森脱口而出"fartners"(放屁),而他当时其实是想说"partners"(合伙人们)。这句无意识的话恰如其分地体现了他当时的心情。

不过无论如何,彼得·彼得森仍在为化解合伙人之间的矛盾而努力。当《商业周刊》前来采访他并承诺为雷曼兄弟公司制作一期封面故事时,他提出了一个条件:一定要把公司执行委员会的全部成员都放到封面上。彼得·彼得森的初衷很美好:"我们需要被看作一个团队,彼此互相帮助,追求共同的目标,而不仅仅是一种个人的奋斗。我相信这样做会有助于改变雷曼兄弟难以驾驭的特点,它给公司的形象染上了污点。"

《商业周刊》的编辑们勉为其难地答应了这个条件,最终,雷曼

---

[1] 彼得·彼得森:《黑石的选择》,浙江人民出版社,2018年。

兄弟公司的合伙人们一同出现在了杂志的封面上。这篇《雷曼兄弟从悬崖边缘归来》的报道暂时缓解了合伙人之间剑拔弩张的紧张关系，然而，分歧仍然潜伏在表面的和气之下。后来发生的事情也证明，彼得·彼得森的一切努力都是徒劳的。

清除背叛者

因利益分配而产生的龃龉虽然令彼得·彼得森头疼不已，却只是内部的纷争，对公司尚未造成太大的负面影响。而有些合伙人在公司向外部拓展业务时处处拆台，这就让彼得·彼得森忍无可忍了。这些卑劣的行为给雷曼兄弟公司的声誉和发展带来了巨大的负面影响，彼得·彼得森绝不允许这样的"背叛者"继续存在于公司的合伙人队伍中。

詹姆斯·格兰维尔（James Glanville）就是彼得·彼得森眼中的"背叛者"。他来自得克萨斯州的库珀，原先是石油行业的一名现场工程师，后来转行到了金融行业。他曾为雷曼兄弟公司立下汗马功劳——他开发了很多石油和能源领域的客户，其中有许多客户最后都发展为雷曼兄弟公司的大客户。因为这些贡献，他成了雷曼兄弟公司的主要合伙人。

然而，不知从何时起，这位合伙人产生了异心，接二连三地做出了为个人利益而伤害公司利益的行径。

1974 年，彼得·彼得森颇有预见性地认识到雷曼兄弟公司需要增强在机构投资市场上的力量。机构投资市场包括养老基金、规模较大的大学捐赠基金、共同基金和诸如此类的机构。为此，雷曼兄弟公司需要提高其分销能力，这样才能更多地向这些机构推销证券。为此，彼得·彼得森开始寻求与米歇尔·哈钦斯公司的合作。

米歇尔·哈钦斯公司是一家正在快速成长的公司，具有很高的股票研究水平，其首席执行官唐·马龙与彼得·彼得森交情匪浅，因此，两家公司很快就达成了合作意向。

不过，就在谈判正在顺利进行时，唐·马龙突然前来拜访彼得·彼得森，他带来了一个令人愤怒的消息。他说："记得你曾说过我们的交易，你们公司内肯定不会有人反对。但我刚刚拜访过詹姆斯·格兰维尔，他要我对他所说的话保密，彼得，你必须也承诺对此保密。他说他根本就没同意过，还满腹牢骚说了很多不中听的话，将你挖苦了一番。我感到很抱歉，彼得，但我知道你能理解我的反应。我绝不会加入这样一个允许对组织不忠诚和搞内部破坏的公司。我认为你应该了解与你打交道的这些人。"

就这样，与米歇尔·哈钦斯公司的合作以失败而告终。这给彼得·彼得森想加强研究力量的计划带来了严重的打击，并最终影响了雷曼兄弟公司的分销能力。

因为对唐·马龙的承诺，彼得·彼得森没有就此事与詹姆斯·格兰维尔对质。在当时，他把这件事当成了詹姆斯·格兰维尔的无心之失。因为他思来想去，始终想不明白詹姆斯·格兰维尔为什么会这样做，这对他毫无益处。

直到后来，在安迈信公司的分销业务中，詹姆斯·格兰维尔故伎重演，彼得·彼得森才看清楚了他丑陋的嘴脸。

安迈信公司位于康涅狄格州格林尼治镇，是一家大型矿业公司，主营业务是开采煤和各种金属矿石，包括铁、铜、铅、锌、镍、铝和黄金等矿石。这家公司是雷曼兄弟公司关系密切的长期客户。乔治·鲍尔是安迈信公司的董事会成员，但负责为该公司提供客户服务的却是詹姆斯·格兰维尔。在 20 世纪 70 年代，很多石油企业手中都握有大量剩余资金，他们希望能将这些资金用于拓展与他们业务相关的新领域。矿山金属业适合这种需求。加利福尼亚标准石油公司青睐安迈信公司已经有一段时间了。1975 年，詹姆斯·格兰维尔为这两家公司策划了一次成功的股份互换交易。在这场交易中，加利福尼亚标准石油公司得到了安迈信公司15.5%的股份，而安迈信公司获得了急需的资金注入。

不过，1977 年，事情发生了变化。安迈信公司的新管理层对加利福尼亚标准石油公司的继续介入持反对态度。当时担任安迈信公司首席执行官的是皮埃尔·古瑟兰，他认为加利福尼亚标准石油公司一心想强行全部收购他的公司。皮埃尔·古瑟兰抵御加利福尼亚标准石油公司的任何出价，他出价 1200 万美元的咨询费，请雷曼兄弟公司为其制定一套防御战略。

应皮埃尔·古瑟兰的要求，雷曼兄弟公司制定了一系列战略计划，从而使安迈信公司保持其独立地位。这些战略计划在雷曼兄弟公司的执行委员会内部进行了讨论，詹姆斯·格兰维尔也参与了这次讨论。

会后，詹姆斯·格兰维尔做出了一个不可思议的举动：他将这个防御战略计划部分透露给了加利福尼亚标准石油公司的首席执行官比尔·海恩斯，他们私交甚密。更过分的是，他还鼓动加利福尼亚标准石油公司对安迈信公司采取积极的攻势行动。

彼得·彼得森是从皮埃尔·古瑟兰口中得知此事的。这个消息让他震惊不已，后来他将詹姆斯·格兰维尔的这一行为评价为"对雷曼兄弟的致命一击"：

> 没有任何一家一流的金融公司敢对客户的诚恳、信赖和忠诚掉以轻心，也不会用这些无形资产去做某种交易。如果这种两面三刀的行径泄露出去，那它将严重败坏雷曼的声誉。幸运的是，古瑟兰为乔治·鲍尔和雷曼兄弟公司着想，没有向外界透露此事。[1]

他绞尽脑汁寻找詹姆斯·格兰维尔这样做的理由，他猜测，詹姆斯·格兰维尔很可能是为了加利福尼亚标准石油公司所给的不菲的兼

---

[1] 彼得·彼得森：《黑石的选择》，浙江人民出版社，2018 年。

并费才做出了这样令人鄙夷的行为。詹姆斯·格兰维尔的背叛让彼得·彼得森怒火万丈，以至于他晕倒在了自己的办公室。

彼得·彼得森原本应该立马将詹姆斯·格兰维尔这个害群之马从雷曼兄弟公司赶走，但考虑到詹姆斯·格兰维尔曾经为公司做出的贡献，他不由得动了恻隐之心，决定再给他一次机会。

但事实证明，一个人如果没有忠诚，即使有再大的能力，也是一文不值。而且，能力越大，对公司的危害也越大。

1978 年，雷曼兄弟公司执行委员会决定卖掉公司持有的自由股——迈克墨伦公司的股票，以增加公司资本。但这遭到了詹姆斯·格兰维尔的强烈反对。他争辩说，如果他们这样做，会严重损害同这家企业的客户关系。

这时，雷曼兄弟公司的高级税务专家罗恩·加拉廷要求与彼得·彼得森见面，从他那里，彼得·彼得森得知了詹姆斯·格兰维尔反对出售这家公司股票的真实原因。原来，作为对那笔投资的补偿，客户方私下里同詹姆斯·格兰维尔达成了一笔房地产交易。这笔房地产交易回报丰厚，且税收很低。詹姆斯·格兰维尔和几个同事计划自己来做这笔房地产交易。他曾拉拢罗恩·加拉廷加入自己的队伍，并对他承诺说，如果他能保守秘密，并义务完成与这笔交易有关的全部税务工作，就分给他 5% 的交易额。罗恩·加拉廷是一个正直的人，他知道这样做是违背公司原则的，所以甘愿冒着极大的风险来揭发詹姆斯·格兰维尔。

彼得·彼得森不敢相信詹姆斯·格兰维尔竟然如此肆无忌惮，然而，罗恩·加拉廷拿出的证据让他放弃了一切天真的幻想。那是一份可以随时签署的完整文件，充分证明了在詹姆斯·格兰维尔眼里，雷曼兄弟公司的利益是多么的微不足道，他可以肆意践踏，毫无顾忌。

忍无可忍的彼得·彼得森马上召集执行委员会的其他成员开会。当他简短地介绍完情况，并向他们展示文件后，所有人都愤怒了。合伙人们前所未有地达成了一致：赞成由彼得·彼得森与詹姆斯·格兰维尔当面对质。

　　会议结束后，彼得·彼得森便约见了詹姆斯·格兰维尔。在确凿的证据面前，詹姆斯·格兰维尔无话可说。彼得·彼得森决定将其解雇，詹姆斯·格兰维尔耸了耸肩，仍是一副满不在乎的样子。

　　实际上，詹姆斯·格兰维尔早就为自己计划好了后路。几天后，他就投奔拉扎德兄弟公司去了。虽然詹姆斯·格兰维尔带走了雷曼兄弟公司在能源领域的大量客户，但对彼得·彼得森来说，能以这种损失来换得他的离开是值得的。

　　后来，商业媒体将詹姆斯·格兰维尔的出走描述为由拉扎德兄弟公司策划的一场"政变"。《财富》杂志这样报道：拉扎德兄弟公司"挖他人墙脚，猎走了雷曼的高层人士，此事震惊了整个纽约投资银行界"。

　　彼得·彼得森虽然对事实的真相心知肚明，却并不辩驳，相反，他非常高兴被拉扎德兄弟公司挖了这个墙脚。

双重危机

自从 1973 年加入雷曼兄弟公司以来，彼得·彼得森每天都像个陀螺一样转个不停，带领公司走向更辉煌的未来成了他生活的全部。一直殚精竭虑的彼得·彼得森丝毫没有意识到，他的这种忘我工作会使他的身体和家庭都处于危机之中。

直到因为詹姆斯·格兰维尔的背叛而晕倒后，彼得·彼得森才知道自己的身体出了大问题——医生在他的脑子里发现了一个脑瘤，而且极有可能是恶性的。

这个可怕的消息很快就传开了，很多朋友打来了关切的电话，他们纷纷询问自己能为他做些什么，每次彼得·彼得森都会冷静地说："帮我找世界上最好的神经科大夫来。"他的冷静令人惊讶，仿佛生病的那个人并不是他。

他的朋友们为他找来了纽约医院神经科主任弗雷德·普拉姆医生，他的医术高超，值得信赖。弗雷德·普拉姆医生在对彼得·彼得森进行了问诊与必要的医学检查后，告诉他一个好消息：他的脑瘤十有八九是良性的。这之后的活体检验证明这个消息是真实可信的。

弗雷德·普拉姆医生为彼得·彼得森做了脑外科手术，没过多久，他就痊愈出院了。

平安度过身体上的危机后，彼得·彼得森的生活重新恢复了正常。他又开始了废寝忘食的工作，他经常在夜里出门开会，周末在高尔夫球场或其他地方处理公司事务。他把家庭的一切事务都交给了萨莉·洪伯根，他相信她是一位好妻子，也是一位好母亲，能帮他把大后方打理得井井有条，使他毫无后顾之忧。

然而，1978 年秋天的一天，在吃过晚饭后，萨莉·洪伯根平静地向他提出了离婚。这个消息就像一枚炸弹一样，在彼得·彼得森的耳边轰然炸开。很多年后，他依然对当时的感受记忆犹新：

> 用"震惊"这个词不足以表达我当时的感受。不相信、不理解、恐惧和尴尬，种种感受如一波波的洪水一样向我涌来。我感觉自己就像动画片里那些掉下悬崖的人物，突然意识到脚下除了空气什么都没有了。我赖以生活的基础和我的安全感，突然一下子就没有了。[1]

直到这时，彼得·彼得森才开始反思自己对妻子的忽略。他开始意识到，如同他的第一次婚姻一样，他与萨莉·洪伯根的婚姻再次重复了他父母的婚姻。他过度专注于工作与事业，很少陪伴妻子，也很少给她情感上的慰藉，也不在乎她的精神需求。而萨莉·洪伯根却困在家庭生活中，她早已厌倦了这样的生活，迫切希望开辟一种新生活，而彼得·彼得森却对此毫无感知。

与萨莉·洪伯根离婚给彼得·彼得森带来了沉重的打击，他经常失眠，精神沮丧，身体也越来越差。他想把注意力转向工作，却发现自己很难像以前一样全身心地专注于工作。

彼得·彼得森意识到自己的精神出现了问题，于是他向心理医生求助，医生认为他患上了抑郁症。在心理医生的帮助下，他找到了问题的根源："我又回到了童年时期被抛弃的心理状态。在我妹妹伊莱恩死

---

[1] 彼得·彼得森：《黑石的选择》，浙江人民出版社，2018 年。

去后的那段时间，我失去了母亲的关爱。我对离婚的反应就如同我是一个被抛弃的孩子，感到孤独和无助。著名的小说家多克托罗对这种现象的描述也许是最确切的。在一个晚宴上他曾对我说，神经官能症'是一种早期心理经历的退化反应'。退化是肯定的。我一个 52 岁的成年人体验到了一个 4 岁儿童那样无助的感觉，但现实的我既不茫然无助，也不依赖于谁。一旦理解了这一点，尤其重要的是内心深处的潜意识也有了彻悟，我就开始感觉好多了。"

经过几个月的心理治疗后，彼得·彼得森终于明白，没有了萨莉·洪伯根，他的生活仍然要继续。

1979 年春天，彼得·彼得森终于从婚变的阴影中走了出来，他的朋友们都非常高兴他能重返他们的圈子，并且热情地为这个单身汉安排起了约会活动。

其中一位朋友为他介绍了一个叫作琼·甘兹·库尼（Joan Ganz Coonye，以下简称"琼·库尼"）的女人，这位朋友认为彼得·彼得森与她非常般配。事实上，彼得·彼得森与琼·库尼早在 1968 年就认识了，当时彼得·彼得森是国家教育电视台董事会的成员，而琼·库尼那时正在制作《芝麻街》节目。

与彼得·彼得森一样，琼·库尼也刚刚离婚不久。两个孤独的灵魂很快就互相靠近，并彼此产生了好感。彼得·彼得森发现，琼·库尼是一个非常聪明的女人，她对很多事情都有着深刻的见解。在彼得·彼得森的回忆里，他们最初的交往充满了甜蜜：

> 我们能就共同感兴趣的话题一次谈上几个小时，我们谈话的内容从政治、公共政策到商界（琼在几个大公司的董事会担任董事），几乎无所不包。我们还尽兴地参加了许多活动，包括打网球、看电影、品戏剧等。纽约的一些社交活动上都能看到我们的身影。最重要的是，我们有类似的幽默感，所以我们的恋爱不仅是知识

的交流，而且伴随着欢乐和笑声。[1]

　　1980 年 4 月 26 日，彼得·彼得森与琼·库尼举行了婚礼。沉浸在幸福中的彼得·彼得森把他与琼·库尼的结合评价为"一对彼此深深尊重、双方兴趣相投的相爱伴侣的结合"。

　　事实证明，他与琼·库尼的婚姻生活值得获得这么高的评价。因为有了前两次失败的婚姻，彼得·彼得森在这段感情中改变了许多，他不再像以前一样将全身心都投入到工作中，也不再什么事都自己做主，而是更加重视家庭关系，经常和妻子沟通，听取她的意见，努力寻找事业和家庭的平衡点。在琼·库尼的帮助下，彼得·彼得森终于开始理解安定生活的真正意义，他们共度了余生，可以说，他们不仅是爱人，更是朋友。

　　每每回望过去，彼得·彼得森总是感慨万分："每当我意识到我有这样一个可爱、善解人意并事业有成的妻子的时候，我就感到自己是那么幸运，感到上苍对我真是不薄。她给我的生活带来了巨大的欢乐。"[2]

---

[1] 彼得·彼得森：《黑石的选择》，浙江人民出版社，2018 年。
[2] 同上。

第八章

创立黑石：永远选择长期利益

　　1985 年，59 岁的彼得·彼得森和小他近 21 岁的史蒂夫·施瓦茨曼各出资 20 万美元，在纽约公园大道的西格拉姆大厦租了一间小小的办公室，创办了他们的新公司。

与雷曼分道扬镳

到 1983 年,彼得·彼得森已经在雷曼兄弟公司度过了十年匆匆岁月。他用了十年的时间,成功地挽救了这家一度濒临破产的公司,让它重获辉煌,甚至连续五年创造了刷新历史最高纪录的收入与利润。

然而,雷曼兄弟公司的繁荣并没有给公司带来和谐。虽然合伙人们赚到的钱越来越多,不满情绪却越来越严重。尤其是自 1981 年以来,担任总裁的刘易斯·格鲁克斯曼日益表现出了焦躁与不安。考虑到刘易斯·格鲁克斯曼的确应该升职,1983 年 5 月,彼得森任命格鲁克斯曼为共同首席执行官。

彼得·彼得森之所以会产生这样的想法,与他和高盛公司两位掌门人的一次饭局也有关。那是 1983 年春天的一天,彼得·彼得森与刘易斯·格鲁克斯曼一起与高盛公司的联合首席执行官约翰·怀特海德和约翰·温伯格吃早饭。高盛公司一直有联合首席执行官的悠久传统,在约翰·怀特海德和约翰·温伯格的共同治理下,高盛公司呈现出了一派繁荣的景象。

这时,一个念头在彼得·彼得森的脑海里浮现出来:"虽然在竞争惨烈的华尔街世界攀到顶点的人往往唯我独尊,难以与他人平等共事,但如果能克制自己的自负之心,一个顶尖人才的组合也可以产生实实在在的利益。"

他想,他与刘易斯·格鲁克斯曼也可以共享雷曼兄弟公司首席执行官一职。在他的设想里，作为资深银行家的刘易斯·格鲁克斯曼可以直接管理公司的运营。而他作为公司的法人代表，可以承担那些与各个企业、首席执行官和政府打交道的工作。在彼得·彼得森看来，如果两个人能把自己的职责明确下来，并与各自的专业知识结合起来，这样就能构成一种密切而高效的伙伴关系。

当时的彼得·彼得森完全没有意识到自己的想法是多么天真幼稚，倒是他的妻子比他更清楚地意识到了危险性。有一次，当他与妻子讲起这件事时，琼·库尼警告他："他可是个贪心不足的人，你给他一块指甲，他可能会要你一只胳膊。"

但彼得·彼得森却固执地认为这是一种公平的行为，于是，他决定坚持自己的初衷。1983 年 5 月，彼得·彼得森与刘易斯·格鲁克斯曼在一封共同署名的信件上宣布了联合首席执行官的安排，这个消息很快就传遍了整个公司和金融界。

这一年 6 月，在纪念彼得·彼得森进入雷曼兄弟公司十周年的小型庆祝会上，刘易斯·格鲁克斯曼送给他一幅亨利·摩尔的画作，当时他正狂热地收集现代艺术作品，摩尔的作品正对他的口味。刘易斯·格鲁克斯曼真挚的祝酒词让人感到十分温暖，他的恭维话恰如其分地说到了彼得·彼得森的心坎上。刘易斯·格鲁克斯曼的种种行为让彼得·彼得森相信他与自己已经建立了一种共生伙伴关系，他认为自己做出了一个正确的选择，并为此颇为得意。

但后来发生的事情证明，彼得·彼得森所认为的"共生伙伴关系"不过是一种天真的幻想罢了。

尽管被晋升为共同首席执行官，但刘易斯·格鲁克斯曼仍不满足，他早已厌倦在彼得·彼得森的阴影下工作，他想自己单干。在庆祝会结束十几天后，在一些主要合伙人的支持下，刘易斯·格鲁克斯曼露出了狐狸尾巴，开始了迫不及待的"逼宫"。

那天，刘易斯·格鲁克斯曼通过一位手下传话给彼得·彼得森，说要与他在雷曼兄弟公司交易大厅的一个小办公室会面。于是彼得·彼得森乘电梯下到交易大厅，期待有一个愉快的会面。因为那天早上他在与大陆集团公司的首席执行官布鲁斯·斯玛特共进早餐的时候了解到，对方将选择雷曼兄弟公司来完成一桩重大的企业并购业务。他期待着告诉刘易斯·格鲁克斯曼这笔重要的新业务。

不过，见到刘易斯·格鲁克斯曼后，彼得·彼得森才发现，一切与他想象的不一样：

> 我一坐下，格鲁克斯曼就开始了他的长篇独白，滔滔不绝地讲述他一生的抱负。他绕着圈子说话，谈了他迄今为止的职业生涯，谈了想要担负某种责任，谈了无法获得真正拥有领导权力的感觉。我感受到了他语气中的不满情绪，他觉得自己在一线辛辛苦苦打拼，管理着雷曼兄弟方方面面的业务，而我则成了公司在公众中的形象代表，整日与政府和各大公司的巨头们一起吃喝玩乐，而我的这些筵席并没能给公司带来多少可观的新业务。最终，像打着旋的暴风雪一样的话语渐渐明朗，足以让我明白他在说些什么，他真正想要的是成为公司唯一的首席执行官。[1]

刘易斯·格鲁克斯曼的贪婪让彼得·彼得森愤怒不已，他的心头涌起了一股强烈的被背叛的感觉。这时，他想起了妻子说的那句话："你给他一块指甲，他可能会要你一只胳膊。"他懊恼自己为什么不听一听妻子的建议，他为自己曾经产生如此天真的幻想而生气、懊悔。但他还是按捺住性子，平静地告诉刘易斯·格鲁克斯曼："这件事来得太突然，对我也是个相当大的震动，所以我要回去仔细考虑一下。"

彼得·彼得森不想激化矛盾，因此，他找到乔治·鲍尔，希望他

---

[1] 戴维·凯里、约翰·莫里斯：《资本之王：全球私募之王黑石集团成长史》，中国人民大学出版社，2017 年。

能从中斡旋，以解决这个难题。乔治·鲍尔在雷曼兄弟公司工作多年，人缘不错，而且经验丰富。彼得·彼得森信任他，认为或许他能引导双方和平解决此事。

彼得·彼得森向乔治·鲍尔讲述了与刘易斯·格鲁克斯曼会面的情形，并告诉他刘易斯·格鲁克斯曼的要求时，一向绅士的乔治·鲍尔大喊道："这太令人震惊了！"乔治·鲍尔知道，这项任务就是一个烫手的山芋，但他还是颇有风度地答应了做彼得·彼得森和刘易斯·格鲁克斯曼的中间调解人。

彼得·彼得森告诉他，他愿意把首席执行官的职位让给刘易斯·格鲁克斯曼，这里极度紧张的人际关系和贪婪的氛围时常让他感到愤怒和疲惫。但为了公司的利益着想，他希望在公司再待上两三年。因为联合首席执行官制度是刚刚公布的，有一个适当的过渡期才能保全雷曼兄弟公司的声誉。在这期间，刘易斯·格鲁克斯曼将与他一同继续担任公司的联合首席执行官。

乔治·鲍尔向刘易斯·格鲁克斯曼传达了彼得·彼得森的想法，但刘易斯·格鲁克斯曼的态度非常强硬，毫不妥协。他说自己在雷曼兄弟公司已经待了二十年了，现在接管公司"势在必行"。他已经做好了走马上任的准备，谁也阻止不了他，没有任何商量的余地。

乔治·鲍尔带回来的消息让彼得·彼得森极为震惊，不过他还是希望能找到一个令双方都能接受的方案。思索再三后，他又提出了一个妥协的方案：在一个合理的期限后，他愿意向刘易斯·格鲁克斯曼转交权力。

彼得·彼得森初到雷曼兄弟公司的时候，曾建议弗雷德·埃尔曼留在公司到年末再卸任，这样做可以使过渡更加平稳。现在他通过乔治·鲍尔告诉刘易斯·格鲁克斯曼，到1983年年底，他将卸任雷曼兄弟公司首席执行官的职位。他甚至允许刘易斯·格鲁克斯曼现在就公布这样的安排，以便让公司的客户和商业媒体不至于大惊小怪，从而引起混乱。这样一来，联合首席执行官的安排就会看起来像是朝这个方向迈进的过程中合乎逻辑的一个步骤，就好像他们始终是按照预定计划行动一样。

然而，刘易斯·格鲁克斯曼的态度令他非常恼火——无论他提出什么样的方案，他给出的答复都是"不"。

彼得·彼得森认为自己退让也许能化解这次内讧，于是他在1983年10月降职为共同CEO，1983年年底辞去董事长一职。

彼得·彼得森并不是一受排挤就往后退缩的人，乔治·鲍尔、史蒂夫·施瓦茨曼和雷曼兄弟公司的其他一些合伙人也劝他，要是采取合伙人投票的方式，获胜的那个人一定是他。但彼得·彼得森觉得，"那种胜利对谁都没有好处"。他后来写道："如果我当时胜了，格鲁克斯曼会把优秀的交易员带离公司，从而给公司造成严重损失。"十年前，在弗雷德·埃尔曼被罢免后，彼得·彼得森领导了雷曼兄弟公司的重建，这段经历给他留下了难忘的精神创伤，使他疲惫不堪。他不希望公司再经历一场大震荡，因此，他选择做退让的那个人。

在一些朋友看来，彼得·彼得森全神贯注于工作是导致他斗争失败的根本原因，其实刘易斯·格鲁克斯曼早已被公司里的人认为是阴谋家，只是彼得·彼得森根本没察觉到这一点。可能彼得·彼得森自己会否认这一点，但从前的同事都认为他太大意了，其实，在公司里，刘易斯·格鲁克斯曼就一直在跟他唱反调，彼得·彼得森承认自己"太天真，太容易相信别人"。

1983年7月26日，在董事会上，彼得·彼得森与刘易斯·格鲁克斯曼一同宣布了他的离职决定，第二天，这条消息就开始在媒体上疯传。《纽约时报》这样报道："在同意与一个关键合伙人共享雷曼兄弟公司最高行政职位仅仅两个月后，彼得森先生就令人惊讶地宣布将离开公司，这一宣布的实施阶段是今年10月至明年1月。"

彼得·彼得森没有想到，一个看起来很美好的职务安排最终却成了他在雷曼十年职业生涯的滑铁卢。不过，令他欣慰的是，几天后《纽约时报》刊登的另一篇文章证实了他竭力避免一场大战的价值，这篇文章的标题是《雷曼兄弟平稳的权力更迭》。文章援引了公司一个合伙人的话，说彼得·彼得森的离去是"一种具有政治家风度的行为"。

回望在雷曼兄弟公司的十年经历，彼得·彼得森一直认为，很难给这段经历下一个好或坏的定义，但至少在这十年的时间里，他迅速地成长起来了。尤其是在经历了一场又一场腥风血雨般的斗争后，彼得·彼得森彻底放下了那些天真的幻想，真正地成熟起来。

而在彼得·彼得森离开之后，由于掌门人刘易斯·格鲁克斯曼唯利是图、自私自利、不讲诚信，雷曼兄弟公司内部的钩心斗角暴露无遗。就在刘易斯·格鲁克斯曼夺权后不到 9 个月，由于经营不善，雷曼兄弟公司便被美国运通公司收编，改名为希尔森雷曼公司。这家百年老店直到 1994 年独立上市后才东山再起。2008 年，这家全球顶级的投资银行申请破产，引发了一场波及全球的金融海啸。听到这个消息，彼得·彼得森感到悲伤不已。尽管破产的原因是多种多样的，但作为一家规模如此庞大的公司，没有建立正确的价值观和企业文化，放纵合伙人们进行近乎无耻的内部争斗，破产的结局早已注定！

59 岁走上创业路

离开雷曼兄弟公司后，彼得·彼得森重新站在了起跑线上。对于未来的路，他有一个模糊的目标——从事商业银行业务，寻找有潜力的公司进行投资，并帮其取得发展。不过对如何实现这个目标，他却有些迷茫。

以一种不太体面的方式离开雷曼兄弟公司，让彼得·彼得森有一种深深的挫败感。为了证明自己，也出于"游手好闲不工作是不可饶恕的罪孽"的心理认知，彼得·彼得森很快就投入到了新工作中。由于没来得及进行慎重思考，也没对合伙人进行仔细考察，这项在仓促中开始的合伙业务很快就以失败而告终。

这段经历让他得到了一个经验：

> 为摆脱尴尬、焦虑或恐惧而急急忙忙地投入一项新的工作，你反而会无法摆脱过去。你现在的工作无时无刻不受这种情绪的影响。人是要生活和工作在将来的，这一点毫无疑问，所以应该多想想今后的事，而不应为过去烦恼。每当有人向我征求个人职业生涯方面的意见，特别是在其尴尬地退出一个职位之后，我都会建议他们不要着急，不要只是为了让批评者和前同事看一看自己是如何有价值，而匆忙找一份工作。新工作是你今后长时间内生活的重心，而你离开上一份工作的情形恐怕用不了多久就会被

淡忘，人们也不想去关注这类事情。匆忙行事往往要坏事。[1]

在反思中成长起来的彼得·彼得森开始淡定下来，他开始谨慎地选择合作伙伴。这时，他把目光投向了自己在雷曼兄弟公司时的得力干将史蒂夫·施瓦茨曼身上。

史蒂夫·施瓦茨曼 22 岁从耶鲁大学毕业后，又以优异的成绩考进了哈佛商学院。从哈佛毕业后，史蒂夫·施瓦茨曼仅在一家小公司干了两个月就很快跳槽到了雷曼兄弟公司，在这里，史蒂夫·施瓦茨曼充分发挥了自己的才能，31 岁时就升任为公司的合伙人，成为当时雷曼兄弟高管中最年轻的合伙人之一。

在雷曼兄弟公司时，彼得·彼得森便十分赏识史蒂夫·施瓦茨曼，并屡屡提携他。1976 年，本迪克斯公司的首席执行官威廉·雅智想购买高成长、高科技性质的业务，剥离低成长性业务，把公司定位为一家多样化的工程制造企业。彼得·彼得森把这个任务交给了史蒂夫·施瓦茨曼。史蒂夫·施瓦茨曼后来成为威廉·雅智最信任的顾问，在买卖策略和交易执行方面给本迪克斯出了很多妙计。

史蒂夫·施瓦茨曼非常有创造力，总能想出很多奇妙的点子。1982 年 11 月，史蒂夫·施瓦茨曼建议 CSX 公司出售两家佛罗里达日报社，这表现出了他相当的勇气和精明。当拍卖初价出来后，佐治亚州奥古斯塔市的一家传媒器材公司——莫里斯传播公司以 2 亿美元的竞拍价横扫对手，当时美国电信运营商考克斯传播公司报价 1.35 亿美元，甘尼特公司报价 1 亿美元。也有银行家建议考克斯传播公司和甘尼特公司提高竞拍价，但由于莫里斯传播公司的报价实在太高，考克斯传播公司和甘尼特公司无力应战。

CSX 公司非常满足，那两家报社也就能带来大概 600 万美元的年

---

[1] 彼得·彼得森：《黑石的选择》，浙江人民出版社，2018 年。

收入，2亿美元的报价已经相当不错了，但史蒂夫·施瓦茨曼却建议撤销合同。因为有一家大银行在给莫里斯传播公司撑腰，史蒂夫·施瓦茨曼认为莫里斯传播公司会出更高的价。史蒂夫·施瓦茨曼没有公开竞标价，他继续安排第二轮密封投标，目的是让莫里斯传播公司误以为考克斯传播公司和甘尼特公司正如热锅上的蚂蚁。最终，莫里斯传播公司将报价上调1500万美元，史蒂夫·施瓦茨曼的计划获得了圆满成功。如今密封投标已经司空见惯，运作也很规范，在当时却极为罕见。后来，自称是密封投标先驱的史蒂夫·施瓦茨曼说："我们在实践中不断丰富了它。"

不过，史蒂夫·施瓦茨曼在雷曼兄弟公司的出色表现远不止此。

1984年春天，刘易斯·格鲁克斯曼带领的交易员遭受巨额损失。刘易斯·格鲁克斯曼尽管仍是首席执行官，但此时他已丧失了大部分权力。雷曼兄弟公司的合伙人开始讨论把公司卖了还是坚持下去。如果不卖，公司很可能要倒闭，他们所持的价值数百万美元的股份将变成一堆废纸。在这危急关头，史蒂夫·施瓦茨曼最终迫使董事会做出决定，在找到合适的买家之前，隐瞒雷曼兄弟公司的困境，以免引起客户和雇员的恐慌。史蒂夫·施瓦茨曼既不是董事会成员，也未被委托行使董事会成员权力，但他牢牢掌控着局势。

1984年3月，一个星期六的早晨，史蒂夫·施瓦茨曼在东汉普顿向朋友兼邻居、美国捷运公司旗下的希尔森经纪公司首席执行官彼得·科恩透露了自己的想法："我希望你们能把雷曼兄弟公司买下来。"几天后，彼得·科恩正式与雷曼兄弟公司洽谈，1984年5月11日，雷曼兄弟公司同意以3.6亿美元被希尔森经纪公司收购。这次收购使从未涉足投资银行业务的零售经纪商希尔森在投资银行界立足，而且大赚一笔，可谓名利双收。收购既拯救了焦躁不安的银行家和交易员，也拯救了雷曼兄弟公司。后来，雷曼兄弟公司被拆分成为独立的上市公司。

在外界看来，彼得·彼得森与史蒂夫·施瓦茨曼是截然不同的两种人：两人年龄相差21岁；彼得·彼得森沉默寡言，史蒂夫·施瓦茨曼却整天不停地高谈阔论；彼得·彼得森总是本能地回避冲突，而史蒂夫·施瓦茨曼必要时会吹胡子瞪眼。他们的生活轨迹也迥然相异，史蒂夫·施瓦茨曼是在费城郊区一个舒适的中产阶级家庭中长大，家有一套房子、两辆轿车和一个储存了一大堆干货的仓库，而彼得·彼得森却是美国中部小镇的一个贫穷少年。但这一切差异都阻止不了两个灵魂的互相吸引。

在彼得·彼得森看来，他与史蒂夫·施瓦茨曼"天生是对合作伙伴"：他拥有广泛的人脉，有丰富的从商经验，曾经长期涉足销售领域却不擅长企业的日常管理。而史蒂夫·施瓦茨曼是个谈判高手，对顾客的需求很敏感，而且在经营方面很有天赋，能让生意落锤定音并如期进行。他们优势互补，合作默契，这一点早在雷曼兄弟公司时就得到了充分的证明。

史蒂夫·施瓦茨曼也愿意追随彼得·彼得森，不过在真正开始合作之前，有一个难题亟须解决。

希尔森经纪公司收购雷曼兄弟公司时，坚持要让雷曼兄弟公司的大部分合伙人签订非竞争性协议，要求这些合伙人必须在离职满3年后才能为华尔街其他公司工作，此举的目的是想锁定他们。希尔森公司实际上看重的是雷曼兄弟公司的人才，要是没有这些精英人物，雷曼兄弟公司只是一个毫无价值的空壳而已。

当时已经萌生去意的史蒂夫·施瓦茨曼鼓起勇气，穿着雷曼工作服去找彼得·科恩，他觉得彼得·科恩欠他一个人情，希望他能把自己从签订非竞争性协议人员的名单中划去。尽管很不情愿，彼得·科恩最终还是同意了史蒂夫·施瓦茨曼的请求。希尔森雷曼公司的一名前高级合伙人回忆说，当得知史蒂夫·施瓦茨曼的要求后，雷曼其他的合伙人勃然大怒："为什么史蒂夫·施瓦茨曼能受到特殊照顾？"面对这些可能会搅黄这次并购的抗议呼声，彼得·科恩不得不让步，他最终说服史蒂夫·施瓦茨曼签订了非竞争性协议。

对此，史蒂夫·施瓦茨曼非常不满，他认为自己受到了不公正待遇。

一位前同事回忆，在希尔森公司吞并雷曼兄弟公司之后几个月的时间内，史蒂夫·施瓦茨曼虽然出现在办公室，但总是牢骚满腹。

因为这份非竞争性协议，史蒂夫·施瓦茨曼无法离开希尔森雷曼公司。但彼得·彼得森非常希望史蒂夫·施瓦茨曼加入他，为了解决这个问题，彼得森和他的律师理查德·比蒂一起会见了彼得·科恩，讨论关于放人的问题。

彼得·科恩担心史蒂夫·施瓦茨曼离开后，其他合伙人会效仿他，争先恐后地退出公司，从而导致大批客户资源的流失。因此，他坚决不同意史蒂夫·施瓦茨曼离职。经过漫长而艰难的谈判过程，彼得·科恩最终妥协了，但提出了一个极其苛刻的条件：他拿出一张长长的雷曼公司客户名单（其中包括彼得·彼得森和史蒂夫·施瓦茨曼已经提供过咨询服务的公司），要求彼得·彼得森和史蒂夫·施瓦茨曼的新公司在接下来三年的时间里把来自这些客户收入的一半无偿交给希尔森雷曼公司。

彼得·彼得森将彼得·科恩的这种行为评价为"光天化日之下抢钱"。他知道，这是一份令人痛苦且代价高昂的协议，因为在开展其他业务之前，来自并购咨询的收入是新公司唯一的经济来源。但不能与史蒂夫·施瓦茨曼合作，对他来说是更无法接受的事情，所以，他们同意了彼得·科恩的条件。

尽管他们刚刚从雷曼兄弟公司倒闭的边缘逃脱，现在又要在希尔森雷曼公司苛刻的条款下开展工作，但无论如何，史蒂夫·施瓦茨曼终于恢复了自由身，对于彼得·彼得森来说，这是一件天大的喜事。现在，两个人可以携手创业，大干一场了！

1985 年，59 岁的彼得·彼得森和小他近 21 岁的史蒂夫·施瓦茨曼各出资 20 万美元，在纽约公园大道的西格拉姆大厦租了一间小小的办公室，创办了他们的新公司。

为了给公司起名，他们颇费了一番功夫。史蒂夫·施瓦茨曼建议叫"彼得森·施瓦茨曼"，但彼得·彼得森却不赞同。他认为，如果公司取得成功，以后还会有更多的高级合伙人，他们一定也希望自己的名字能被包括在公司名字当中。如果那样的话，他们将面临美林公司曾经的困境：美林集团之前的全称为美林·皮尔斯·芬纳·比恩公司，后来变成美林·皮尔斯·芬纳·比恩·史密斯公司，这曾在业内被传为笑谈。

最终，史蒂夫·施瓦茨曼想了一个绝佳的名字："黑石"。这个名字很好地反映了两人的渊源，在德语和依地语中，施瓦茨（schwarz）是"黑"的意思，而在希腊语中，彼得（peter）意为"石头"，放在一起，就成了"黑石"。

接下来的一个问题极为重要：谁来当黑石集团的首席执行官？

彼得·彼得森与史蒂夫·施瓦茨曼曾考虑过由两个人共同担任，不过，想到过去与刘易斯·格鲁克斯曼联合担任雷曼兄弟公司首席执行官的经历，彼得·彼得森仍然心有余悸。这种人事安排导致了灾难性的后果，因此，他认为黑石集团应该实行单一的首席执行官制。

当时，彼得·彼得森已经 59 岁了，拥有丰富的管理经验；而史蒂夫·施瓦茨曼才 38 岁，虽然他是一个非常出色的投资银行家，但没有管理经验。按照传统观念，彼得·彼得森似乎是更好的人选。不过彼得·彼得森却选择了让贤，他说"我不想把黑石的未来押在传统观念上"。最终，史蒂夫·施瓦茨曼成了黑石集团的总裁兼首席执行官，彼得·彼得森担任董事长和合伙人，为追随彼得·彼得森而从雷曼辞职的罗杰·奥特曼则担任副董事长。他们三人组成了黑石集团早期的管理委员会。

彼得·彼得森对黑石集团寄予厚望，他希望它能成为一家"新型精英式企业"：

> 在这样的企业里，所有员工不论长幼、资历，都能相持相助、相亲相爱，没有尔虞我诈，没有窝里斗。它不仅是商业上的成功，而且是文化上的成功。这种文化肯定不能与雷曼相同，我要极力避免雷曼式的"萧墙之乱"重演。我要成立一家真正的企业。这

家企业不会光依靠像鲍比·雷曼这种单枪匹马的领军人物，无论我何时撒手不管，它都能有条不紊地继续运行。我预见了可以创建这样一个企业的机会。[1]

虽然 59 岁才走上创业路，但让彼得·彼得森被世界铭记的职业生涯才刚刚开始。

---

[1] 彼得·彼得森：《黑石的选择》，浙江人民出版社，2018 年。

"如炼狱般的两年"

西格拉姆大厦坐落在大中央车站正北面的公园大道上，初创中的黑石集团在第34层办公。黑石集团当时的办公条件非常艰苦，285平方米的办公面积，只有两张办公桌和一张二手的会议桌。

他们的启动资金只有40万美元，这笔钱还是彼得森和施瓦茨曼一人一半凑出来的，在获得营业收入之前，黑石集团只能靠这些钱维持运转。其实，作为华尔街的老江湖，无论是彼得·彼得森还是史蒂夫·施瓦茨曼，都完全有能力投入更多的资金，可他们依然选择这样起步，这是因为他们相信自己选择的这个方向，应该能在短期内实现自给自足，不用投太多钱。如果将40万美元花完了，公司还没有实现自给自足，就说明投资失败，那就更没必要投更多钱进去冒险了。

对创业而言，这样的态度，是非常谨慎冷静的。后来黑石集团一直秉持着这种审慎冷静的态度，这也解释了为什么黑石集团总是能够安全地躲过投机陷阱，要知道，这些赌博式的投资陷阱导致黑石集团的很多竞争对手元气大伤。

不过，因为投入极少，公司很快就入不敷出。给助手发工资、交房租、交电话费、出差……这些看起来非常琐碎的小事在不断蚕食着他们的启动资金，他们眼看着账上的现金就剩下10万美元，然后只剩下5万美元。

在成立之初，黑石集团将主营业务设定为私募股权投资。在那个时代，股权并购已经成为华尔街发展最快、最引人注目的生意之一。

可以说，黑石的成立顺应了华尔街的大趋势。

每天早上，彼得·彼得森和史蒂夫·施瓦茨曼都会在公园大道和第65街交界处的梅菲尔酒店咖啡厅共进早餐，在那里，他们就黑石集团的业务进行讨论。他们不想效仿投资银行或经纪公司的运营模式，因为这些机构一般都需要强有力的资本支持，这样他们才能向客户保证在出现亏损时的偿付能力，并引导他们渡过波动。史蒂夫·施瓦茨曼说："我们并不想把太多资金投资于低收益资产，我们的经营理念是：每个雇员都能撬动高额资产，边际收益率要非常高。"

彼得·彼得森与史蒂夫·施瓦茨曼自然也可以从其他金融市场吸引一些志同道合的企业家进行合作，而且这些企业家也将从合作中获益，毕竟他们没有足够的资金去招揽顶尖人才或者开展其他业务。不过，他们有一个担忧——这会导致黑石集团控制权的分散。雷曼兄弟公司的教训还历历在目，为了避免重蹈覆辙，他们想完完全全地掌控自己的公司。

不过，对当时的他们来说，当务之急是摆脱资金困境，解决公司近期的收益来源问题，不然房租都没法付了。因此，他们不得不开展一些并购咨询业务，它可以为他们带来一些短期利润。而且，从长远来看，如果把并购咨询业务做好，也可以成为公司一项经久不衰的业务。

为了能够尽快盈利，彼得·彼得森亲自上阵去招揽生意。后来，彼得·彼得森说自己那段时间成了一个销售员，"坑蒙拐骗，无计不施"：

> 我的通信录上有一些联系人及其联系方式，我大概给50个交情甚好的商业伙伴写了信，特别说明了我们打算如何在华尔街脱颖而出的事。20世纪80年代，华尔街开始变得"认钱不认人"，"从前老客户、熟客户至上"的情结荡然无存。只要能搞定一笔生意，即使有损老客户利益，人们都在所不惜。不仅如此，这些生意越来越多是由年轻的新手银行家负责。我给他们写信时表示，我们黑石与他们有别。我们将对所有客户坦诚相待，所有决策建

议都不会损害客户的利益。因为我们不会涉足股票分析、证券承销和证券交易业务。此外，每一位客户都将获得公司高层的指导与关注。[1]

不过，尽管彼得·彼得森在美国上流阶层有很强的影响力，在很长一段时间里，黑石集团依然无人问津。

直到 1986 年年初，他们终于迎来了第一笔生意——来自施贵宝比奇·纳特公司的一个项目，这个咨询项目为黑石集团赚了 5 万美元。与他们在雷曼兄弟公司时的收入相比，这笔钱就像是芝麻粒一样微不足道，但对于当时的黑石集团来说，却是一根至关重要的救命稻草。

之后，彼得·彼得森又接了两单金额稍大一些的生意，一个是广告商巴克尔与斯皮瓦格尔公司，一个是阿姆科钢铁公司。后来，史蒂夫·施瓦茨曼认为，"正是从那时开始，我们开始赚回花掉的资本，从而生存了下来"。

从 1986 年 4 月开始，黑石集团的并购咨询业务开始飞速发展，费尔斯通公司、美国内陆钢铁公司、联合碳化物公司等大公司先后成为他们的客户。不过，因为这些公司大都在希尔森雷曼公司的客户名单上，因此，按照他们与彼得·科恩的协议，他们必须把一半的收入交给希尔森雷曼公司，这让彼得·彼得森颇为愤怒，却又无可奈何。

在做并购咨询业务获取收入以维持公司运转的同时，黑石集团仍然在坚持自己的私募股权投资业务，为此，他们想尽办法募集收购资金。他们制定了一个巨大的目标——设立一个募资 10 亿美元的基金。要知道，当时的行业霸主 KKR 集团也只筹集了不到 20 亿美元。如果这个目标得以成功实现，黑石集团立马就能跃进收购界前三。

他们更长远的目标是管理并购基金，这样一来，就算是小公司也

---

[1] 彼得·彼得森：《黑石的选择》，浙江人民出版社，2018 年。

可以接手大量的资金。假如能管理 1 亿美元的基金，每年光是管理费就能收 150 万美元，要是投资做得好，还能分到 20% 的投资收益。天底下还有比这更一本万利的生意吗？

不过，理想是丰满的，现实是骨感的，筹款过程比他们想象的要难得多。他们制定了很多募资计划，但无一例外都是无功而返，有时还会遭到白眼。

有一次，彼得·彼得森和史蒂夫·施瓦茨曼一起去达美航空公司基金募资。到了那家公司后，一位基金高管接待了他们，随后又把他们领至一间地下室，并要了两杯需要自行付费的咖啡。在彼得·彼得森和史蒂夫·施瓦茨曼讲了一大通投资计划和创意之后，那些经理却说他们根本就没想过要涉足这门生意。

然而在波士顿的经历更加狼狈不堪。当时，他们与麻省理工学院捐赠基金的官员约好周五下午见面，可是，当他们到了那里以后，才发现接见他们的只是一个普通员工。那位年近 30 的普通女员工，连看都不看他们精心准备的贷款备忘录，对他们此行的目的也一无所知。除此之外，她对私募股权基金也完全没有兴趣。彼得·彼得森想不通最初他们为什么要安排这次会面。更糟糕的是，当他们离开那里时，突然下起了倾盆大雨，他们花了将近一个小时的时间才叫到一辆出租车。

那段时间，彼得·彼得森像刚入行的小伙子一样，夹着皮包登门拜访潜在的客户，经常被拒之门外、不时忍受被忽略的屈辱。然而，奔波几个月之后，他们的辛勤工作收获却甚少，只从纽约人寿保险公司那里募到了 2500 万美元。据史蒂夫·施瓦茨曼回忆："那一段时间里，19 个最有希望的投资者一个接一个地拒绝了我们，488 个潜在的投资者也拒绝了我们，那真是最令人难堪的时刻……很长一段时间，我们东奔西走，听到许多朋友对我们说'不'，这是很难受的。"[1]

　　彼得·彼得森把那两年形容为"炼狱般难熬的两年"："我经历了我营销生涯中最疲倦、最沮丧、最失落的时期。那两年犹如炼狱一般，我们遭人冷眼，踏破铁鞋。"[2]

　　这就是黑石刚诞生时的处境。

　　那个时候，几乎没有人看好黑石。

[1] 戴维·凯里、约翰·莫里斯：《资本之王：全球私募之王黑石集团成长史》，中国人民大学出版社，2017 年。

[2] 彼得·彼得森：《黑石的选择》，浙江人民出版社，2018 年。

挖到第一桶金

到 1986 年冬天，如史蒂夫·施瓦茨曼所说，他们已经"黔驴技穷"了。

即便如此，彼得·彼得森和史蒂夫·施瓦茨曼仍不甘心放弃，他们硬着头皮继续一家家地敲开那些潜在客户的大门。虽然吃了无数次闭门羹，但他们始终相信，希望或许会在这一次次的坚持中降临。

天无绝人之路，借助彼得·彼得森在华盛顿从政期间和索尼总裁盛田昭夫结下的友情，黑石集团总算挖到了第一桶金。

据彼得·彼得森回忆，黑石集团与索尼的第一笔交易是"从华尔街的一个传言开始的"。

哥伦比亚广播公司（CBS）董事会主席和首席执行官拉里·蒂施因涉足烟草业的罗瑞拉德公司、钟表业的宝路华公司、保险业的 CNA 金融公司，已将罗斯院线扩张成收入达数十亿美元的多元化企业。拉里·蒂施拥有了哥伦比亚广播公司的大部分股份，到 1986 年，更是投资 8 亿美元拿到了该集团 25% 的股份份额。这时，一个传言在企业界开始流传开来：拉里·蒂施想将哥伦比亚广播公司旗下的音乐业务分离出来。他们知道，索尼和哥伦比亚唱片公司（CBS Records）在日本有重大的音乐合资项目，索尼方面对此一定会非常感兴趣。

于是，彼得·彼得森找到盛田昭夫，告诉他拉里·蒂施计划出售唱片业务的传言，如他所料，盛田昭夫果然表现出了浓厚的兴趣。他说，只要计划完全是友善的，他就想继续收购，以避免损害未来的合作关系。

那时，日本企业家对美国咄咄逼人的恶意收购非常敏感。

彼得·彼得森马上约见了拉里·蒂施，询问他打算卖掉哥伦比亚唱片公司一事是否属实，如果属实，他的报价又会是多少。在沟通过程中，彼得·彼得森一直强调，他们是在友善收购的基础上与他洽谈。

拉里·蒂施给出了 12.5 亿美元的报价，彼得·彼得森将这个报价告诉了索尼方面，他们迅速做出了回应：买下。

彼得·彼得森没想到事情竟然如此顺利，当他把这个消息告诉拉里·蒂施时，拉里·蒂施也表现出了同样的兴奋，并且说他将把哥伦比亚广播公司的董事们召集起来，向他们说明报价。

在彼得·彼得森看来，这只是一个流程，但令他意想不到的是，事情到此时开始出现了波折——几天后，拉里·蒂施懊恼地打来电话，告诉彼得·彼得森，董事会拒绝了这笔交易。董事们质疑拉里·蒂施卖掉该项业务的战略智慧，在他们看来，这项业务是与哥伦比亚广播公司的核心娱乐产品紧密相关的。因此，他们决定，不会以低于 20 亿美元的价格出售哥伦比亚唱片公司。拉里·蒂施还在电话里强调："一分钱都不能少。"

拉里·蒂施的出尔反尔让彼得·彼得森恼怒不已。他认为拉里·蒂施可能没就出售此类重要资产与董事会进行讨论。实际上，在彼得·彼得森所了解的任何一家股份公司，这类决策如果没有经过董事会讨论，是不会做出的。而且可以肯定的是，在给外来卖家划定最终价格之前，需要董事会做出决定和批准。更何况，作为一个握有控制权的股东，拉里·蒂施有足够的话语权，如果他愿意的话，他完全可以促成此事。因此，彼得·彼得森认为董事会的拒绝不过是拉里·蒂施的借口罢了。

彼得·彼得森只好把情况原原本本地告诉盛田昭夫，并且对他说：此事的转变是前所未有的，也是"非日式风格"的，如果他为此而生气，他也表示理解。彼得·彼得森担心与盛田昭夫的商谈会因此变得异常艰难，但盛田昭夫却表现出了充分的绅士风格，他平和地告诉彼得·彼得森："同意购买，对我们来说，它值 20 亿美元。"

这个好消息让彼得·彼得森再次振奋不已。紧接着，他们在哥伦比亚广播公司安排了一场私人午餐会议，拉里·蒂施和索尼总裁大贺典雄也到场了。他们把这场会议当作是一个正式手续，而且是大贺典雄了解美国同行的一个社交机会。但这之后发生的事情再次证明，彼得·彼得森的想法是多么天真。

因为这次收购涉及企业的养老金问题，其中的部分资金并不充足，经过第三方公司专家们的评估，这个缺口大约是 5000 万美元。彼得·彼得森与索尼方面认为，哥伦比亚广播公司将会用他们所获得的 20 亿美元补足这个缺口。但拉里·蒂施显然不是这样想的，他咆哮着对彼得·彼得森和史蒂夫·施瓦茨曼说："我告诉过你们几个家伙，是不少于 20 亿美元，指的是净值！净值！净值！"

拉里·蒂施的态度非常强硬，彼得·彼得森不得不再次将这一令人尴尬的事态变化向盛田昭夫解释，结果他又一次表现出了自己的绅士风度，他对彼得·彼得森说："彼得，我相信你。"

与拉里·蒂施打交道令彼得·彼得森非常不快，后来他把与哥伦比亚广播公司的这次交易形容为"如同坐了一趟痛苦的过山车，绕着此类没有定数的商业行为团团转"。

正因为有了这个前车之鉴，当费尔斯通轮胎橡胶公司的首席执行官约翰·内文斯找到彼得·彼得森，希望他们为自己的公司寻找买家时，彼得·彼得森本能地感觉到了忧虑与不安。尤其是当约翰·内文斯提出一项很有挑战性的方案时，这种不安变得更加严重。

约翰·内文斯告诉彼得·彼得森，他已认真地做过一番分析，而且只会奖励超凡的绩效。他说："在你的行业中，人们通常能因确定一个非常普通的价格而获得一些额外的酬金。"但他提出了一个"以绩效为基础"的酬金奖励计划。换句话说，以每股价格 60 美元为基准，超过得越多，酬金就越多；低于或者等于 60 美元，酬金则相对较少。而他公司的股票价格过去一直在 50 美元左右。

对彼得·彼得森来说，这既是一个巨大的挑战，也是一个难得的机遇。因此，在与史蒂夫·施瓦茨曼商量之后，他接受了这个方案。

很快，就有买家找上门来。第一个出价的是意大利轮胎制造商——倍耐力公司。这家公司董事会及其股东提出的价格是每股 58 美元。经过一系列的磋商，他们的价格最高也只能给到 60 美元，合作未能达成。

没过多久，日本的普利司通公司也表达了收购意愿，并且他们愿意提供一个非常公平且友善的价格。彼得·彼得森与史蒂夫·施瓦茨曼做出判断，认为普利司通有可能提供的价格是每股 65 美元，费尔斯通一定会乐于接受这一价格。但令人十分吃惊且格外高兴的是，普利司通报价每股 80 美元。

这笔交易顺利地达成了，当约翰·内文斯的"以绩效为基础"的酬金奖励计划生效后，黑石集团获得的酬金达到了令人惊讶的 1500 万美元，比当年黑石集团的其他收入总和还高出许多。

为索尼和费尔斯通达成的交易，一下子让黑石集团摆脱了生存困境，并且使黑石集团有了发展壮大的资本。

黑石的腾飞

经过无数次彷徨、碰壁、质疑之后，彼得·彼得森的运气终于好转了，他们的生意也越做越大。

为索尼和费尔斯通达成的交易让黑石集团获得了喘息之机，也让黑石集团的并购咨询业务越来越红火，但彼得·彼得森并没有因此而满足，他和史蒂夫·施瓦茨曼仍在为筹集私募股权基金而四处奔波。他们知道，只有做好了私募股权投资业务，才能使黑石集团实现真正的腾飞。

目标客户已经所剩无几，抱着试一试的态度，他们又找到了英国保诚集团美国分公司。保诚集团与 KKR 集团有着密切合作，KKR 集团是老牌的杠杆收购大王，也是全球历史最悠久、经验最为丰富的私募股权投资机构之一，与它相比，黑石集团这种刚开办的小公司就像蝼蚁一样卑微。因此，彼得·彼得森对保诚集团并未抱太大希望。

这时，彼得·彼得森在上流社会的人脉再次发挥了巨大的作用——彼得·彼得森与保诚集团美国分公司现任投资总监加内特·基思的老上级兼导师雷蒙德·查尔斯打过交道，于是，在新泽西州的纽瓦克市，一场特别的午宴便在保诚集团美国分公司总部开始了。

加内特·基思有着丰富的并购经验，曾参加过近三十次收购交易。午宴上，加内特·基思与彼得·彼得森相谈甚欢，聊了还不到十分钟，他就对彼得·彼得森说愿意拨 1 亿美元到黑石的基金账户。加内特·基思之所以这么做，原因很简单。在他看来，保诚集团虽然跟 KKR 集团长期合作，但也想多发展一些新的业务关系。而且，后来加内特·基思回忆，雷蒙德·查尔斯"对彼得十分尊敬，这些也感染了我"。

事情竟然如此顺利，这令彼得·彼得森感觉难以置信。后来，彼得·彼得森把那次午宴当成"黑石集团发展史上最重要的里程碑"。

不过，加内特·基思对黑石集团也并非全然信任，在这笔投资中，他左右权衡后附加了很多条件。

当时，在出售一家被收购的企业之后，收购公司一般都会抽取 20% 的利润。如果一笔大额投资失败了，且金额占到总额的 1/3，那么即使剩余的基金能够赢利，投资者总体上还是亏损的。但根据当时的游戏规则，这些基金管理人仍旧可以从投资成功的那些基金中获取不菲的红利。不论怎么玩儿，这场游戏的最终结果似乎都是一样的：我赢你输。

加内特·基思提出，只有所有基金投资者的年复合收益率高于 9% 时，黑石集团才能收取红利。这个"最低预期资本回收率"就设定了收购基金管理人获取红利的最低利率，后来这种利率就在合伙制收购协议中流行开来。

此外，加内特·基思还要求黑石集团将他们并购咨询业务净利润的 25% 付给基金投资者，即使这些利润跟收购基金毫不相关。而当时，黑石集团还束缚于史蒂夫·施瓦茨曼当年和希尔森雷曼公司签订的不平等条约，1987 年是条约有效期的最后一年。

不过，尽管条件极为苛刻，总体来说，保诚集团与黑石集团的这次合作是一次双赢。保诚集团可以借此收获巨大的利益，而保诚集团的金字招牌可以让后来者看到黑石集团的潜力，为黑石集团在美国甚至全球招来更多的投资。

这种借势的效果在日本更为显著，在日本，保诚集团是家喻户晓的著名外企，而作为美国前任政府内阁成员的彼得·彼得森也具有相当的影响力。1987 年 4 月，彼得·彼得森受邀到东京参加美日政商界领袖峰会，并发表演讲。在东京，作为融资并购方面的专家，他与史蒂夫·施瓦茨曼获得了与日本经纪行会谈的机会。

从这些经纪人那里，彼得·彼得森与史蒂夫·施瓦茨曼了解到，野村、大和、日兴这些经纪商都非常渴望能到华尔街开展业务，当他们得知黑石集团是保诚集团的合作伙伴后，他们希望黑石集团能凭借纯正的华尔街血统为他们募集一些新的资金。

很快，这些经纪商就付诸行动。先是日兴证券公司首席副总裁神崎康夫找到他们，希望与黑石集团寻求合作，并表示愿意与他们进一步探讨投资细节。神崎康夫还要求他们不要将这一消息透露给日本其他经纪商。紧接着，野村证券公司又找上门来，希望与他们会谈。

这可把彼得·彼得森难住了，他既不希望因缺席会议而得罪野村，也不愿因食言而破坏与日兴的合作关系。思来想去，他决定打电话给神崎康夫，向他坦白目前的情况并征求他的意见。

神崎康夫非常坦率，他直截了当地问他们究竟想要多少钱，彼得·彼得森小声与史蒂夫·施瓦茨曼讨论具体的金额，最后他们把数字定在一亿美元，神崎康夫爽快地答应了。在挂掉电话之前，神崎康夫还特意叮嘱彼得·彼得森，一定要如约参加与野村的会谈，以免有违日本生意场的基本原则。

通过与黑石集团的合作，日兴得到了它想得到的——在黑石集团的协助下，日兴在纽约的分部很快就在华尔街发展起来。

而对黑石集团来说，与日兴的合作所得到的收益远远大于那一亿美元的资金。日兴是日本四大经济财团之一——三菱工业集团的一部分，它们同为交叉控股公司，拥有共同的商业体系和商业习惯。因此，与日兴合作就等于在黑石与三菱工业集团旗下的诸多企业之间架起了一道桥梁。彼得·彼得森与史蒂夫·施瓦茨曼后来在与三菱集团的其他产业公司会谈时，都受到了热情款待。三菱信托、东京海上火灾保险公司，还有一些其他集团公司都纷纷投入了一些小额资金。

史蒂夫·施瓦茨曼曾说："起初我们还为自己的表达讲解能力沾沾自喜，后来我才发现，哪怕是很笨的人给他们讲，他们也会同意投资的。在日本，这些企业非常相信他们的行业领头羊——日兴的选择。"[1]

从日本回到美国时，彼得·彼得森可谓满载而归——他带回了这笔 1.75 亿美元的新募资金。

幸运女神还在继续眷顾他们，1987 年 6 月，彼得·彼得森在参加《华盛顿邮报》老板凯瑟琳·格雷厄姆的生日聚会时，碰到了老朋友、通用电气公司总裁兼首席执行官杰克·韦尔奇。杰克·韦尔奇问他："我听说你开始创业了，为什么你不联系我呢？或许我们可以合作。"

彼得·彼得森回答道："天啊，我们一开始就去找了你们通用公司，但他们说你对这种投资没兴趣。"

杰克·韦尔奇遗憾地说："你应该直接给我打电话的！"

第二天一早，彼得·彼得森便打电话给杰克·韦尔奇，结果拿到了 3500 万美元。

在彼得·彼得森为私募股权基金集资的过程中，像杰克·韦尔奇这样的老朋友给了他很多助力，李光耀也是其中之一。

李光耀是书写了新加坡经济奇迹的传奇总理，他只用了一代人的时间就让新加坡走出了贫穷。李光耀与彼得·彼得森都是国际经济研究所的成员，他曾邀请彼得·彼得森去新加坡做演讲。这是一个在经济学领域里探讨重大经济问题的年会，与会人员有高级官员、部长和新加坡的专业人才。在演讲中，彼得·彼得森谈论了美国经济的前景和美国经济对世界经济的意义。

会议结束后，李光耀邀请了彼得·彼得森、史蒂夫·施瓦茨曼以及黑石集团的丹·伯斯坦参加他在总理府举行的晚宴。晚宴上，他们与新加坡的多名内阁官员一起讨论了美国的经济和外交政策。

这些活动极大地提高了彼得·彼得森和黑石集团在新加坡的信用

---

[1] 戴维·凯里、约翰·莫里斯：《资本之王：全球私募之王黑石集团成长史》，中国人民大学出版社，2017 年。

度和影响力。这之后不久，新加坡政府的两家投资基金就向黑石集团注资了 8000 万美元。

到 1987 年初秋，彼得·彼得森与史蒂夫·施瓦茨曼已经募集了 6 亿美元，虽然距离他们最初所设想的 10 亿美元还差不少，但是他们决定应尽可能地先锁定这些资金。

当时，经济环境已经变得非常恶劣：股市开始出现剧烈波动，通货膨胀也逐渐恶化，有传言称利率将上升，这些都将拖累经济并打击并购行业，毕竟这些公司非常依赖借贷资金。这时，史蒂夫·施瓦茨曼意识到事情不妙，与彼得·彼得森商量要平仓，彼得·彼得森相信他的选择。

1987 年 10 月 15 日，史蒂夫·施瓦茨曼下达了平仓指令，第二天，黑石集团顺利地把 6.35 亿美元都抽了出来。紧接着是典型的黑色星期一，美国股市暴跌了 23%，创造了 1914 年以来的单日跌幅新纪录，就连 1929 年经济大萧条时也没有出现过这种情况。如果黑石集团当时没有及时平仓，恐怕很多投资者都会要求退出投资协议。经此一役，黑石集团一鸣惊人。

黑石集团终于可以不再依靠不稳定的并购咨询费用而惨淡运营了。当时黑石集团可以连续 6 年收取管理资产总额 1.5% 的管理费，这不仅确保了黑石集团短期的生存，还意味着，彼得·彼得森终于可以如愿以偿地在并购领域大干一场了。

第九章

突破与转变：勇敢打破边界

　　黑石集团的上市不仅仅是私募行业的一次重大突破，也是美国近五年来最大的 IPO，它直接推动黑石集团晋升为华尔街的顶级公司。

黄金时代

到 1988 年春天，彼得·彼得森和史蒂夫·施瓦茨曼又为黑石集团募集了 2 亿美元资金，这样一来，黑石集团所拥有的全部资金已经有 8.5 亿美元了。资金就位后，彼得·彼得森开始四处寻找商机。

通过为索尼、费尔斯通等企业提供并购咨询业务，彼得·彼得森与其他合伙人接触到了很多企业家，拓展了更广阔的人脉，这些资源给黑石集团发展收购业务带来了机会。黑石集团的第一笔收购业务正是在这样的情况下发展起来的。

这笔收购业务始于罗杰·奥特曼给罗纳德·霍夫曼的一个电话。罗纳德·霍夫曼是美国钢铁集团的高层管理人员，美国钢铁集团是美国钢铁的母公司，集团正与颇有名气的恶意收购者卡尔·伊坎（Carl Icahn）抗争。1986 年，卡尔·伊坎就已经持有美国钢铁集团近 10% 的股份，并发出了标价为 80 亿美元的恶意收购要约。当时，这家公司的钢铁生产部门正因生产过剩、设备老化、国际竞争激烈和一次长达 3 个月的工人罢工而身陷泥潭，钢铁产能下降，股价严重受挫。在接下来的一年时间里，卡尔·伊坎就逼着美国钢铁集团以变卖资产等行动刺激股价上升。

美国钢铁集团的董事长大卫·罗德里克一直在努力降低被收购的风险。为了挽回不利局面并说服卡尔·伊坎放弃对集团的收购，美国钢铁集团宣布将会出售价值超过 15 亿美元的资产，并用所得资金回购部分股票。在美国钢铁集团计划全部或部分出售的资产中，有铁路和船舶运输业务，这项措施使卡尔·伊坎终于消停了。

彼得·彼得森认为这是一个绝佳的机会，他迫切地希望购得它的股份。于是，罗杰·奥特曼、彼得·彼得森和史蒂夫·施瓦茨曼一起飞赴匹兹堡，与以罗纳德·霍夫曼为首的美国钢铁集团要员会面，寻求就运输业务进行合作的机会。除了罗纳德·霍夫曼，参加会面的还有美国钢铁集团总裁兼首席执行官大卫·罗德里克和集团总裁查尔斯·科里。

彼得·彼得森认为，将股份出售给一个友善的合作伙伴对美国钢铁集团来说是非常重要的，因为美国钢铁集团几乎完全依赖其子公司提供的铁路和船舶运输业务才能将所有原材料运到中部钢铁厂，再把集团90%的制成品输送到消费者手中。一个恶意收购的"伙伴"可能会对美国钢铁联合公司的钢铁业务经营和最终利润带来灾难性结果，并影响到总公司。

基于这种考虑，彼得·彼得森决定既从美国钢铁集团的经营角度出发，又在长期友好商业伙伴关系的氛围下强调他们达成这笔交易的意愿。因此，在第一次会谈中，他们没有将谈判焦点放在价格上，而是着重分析对方的担忧之处，并对其进行安抚。彼得森说："第一次会面不是谈价格，而是谈公司治理。后来我们还具体探讨了很多可能发生的问题，比如维持设备所需花费，怎样设定合适的运费以及在任何一方想要出售该资产或者其他事务时该如何处理，等等。"

彼得·彼得森巧妙的谈判方式赢得了美国钢铁公司高层的积极响应。最终，黑石集团用5亿美元收购了美国钢铁集团旗下铁路与船舶运输业务51%的股份。

接下来，他们要面临另一个难题：说服银行为这笔交易融资。黑石集团需要总额为5亿美元的贷款或债券来建立为此次交易服务的子公司，但是黑石集团在收购行业没有业绩记录。多数银行家们都对给诸如钢铁等强周期性行业进行高杠杆率收购提供贷款表示担心。为了促成这笔交易，史蒂夫·施瓦茨曼几乎打遍了纽约市各大银行的电话：汉华实业银行、花旗银行、信孚银行、大通曼哈顿银行，还有 J.P. 摩根等，结果都让他大失所望。

终于，第六家银行提出了相对优厚的条件。化学银行也像黑石集团的两个创建者一样，很想进入收购领域，却始终不得其法。化学银行传统贷款业务业绩不佳，一直被同行嘲笑，还被冠以"滑稽银行"的外号。直到 20 世纪 80 年代后期，在沃尔特·希普利和其继任者比尔·哈里森的领导下，才摆脱了这个坏名声的困扰。这两人任命詹姆斯·李为新的商业贷款主管，由这个 30 岁出头的年轻人全权负责化学银行的贷款操作，从而最终杀入收购领域。

为战胜其他银行，詹姆斯·李以优厚条件贷给黑石集团 5.15 亿美元。更重要的是，他承诺将为黑石集团提供所有所需资金，开出的利率也低于 J.P. 摩根。詹姆斯·李还同意，只要集团的利润能够回到罢工前的水平，他还可以将利率再降低 0.5 个百分点，这就使得化学银行的提议更具吸引力。最终，黑石集团同意与化学银行合作。

1989 年 6 月 21 日，黑石集团与美国钢铁集团的交易正式公布。黑石集团和美国钢铁集团在这一年 12 月共同组建了一家新的控股公司——运输之星控股有限公司，并将铁路与船舶运营系统资产注入其中。

这次交易为彼得·彼得森和史蒂夫·施瓦茨曼自黑石集团成立以来一直推崇的"善意合作型方式"进行了非常好的宣传。彼得·彼得森说："我们希望推广'黑石集团是企业合作伙伴'这一理念，但愿这笔交易可以起到作用，它给华尔街传达了这样的信号：我们灵活多变，我们寻求友好合作，我们能够成为您最忠实可靠的拍档。"

运输之星公司的案例让潜在客户们更加了解黑石集团：它愿和企业高层合作，共同对抗入侵者，也愿放弃自己的部分利益以谋求与合作公司在财务结构、战略方向上达成一致。用彼得·彼得森的话来说，此案例树立了黑石集团"运营问题解决者"的口碑。

收购运输之星，是黑石集团进行产业和不动产投资的第一步，也拉开了这个管理超过 5000 亿资产资本帝国的序幕。这项收购给黑石带来丰厚的利润，令黑石的规模得到了扩张，员工的人数从最初的 4 名增加到 62 名，黑石开始加速发展。

随着黑石的壮大，彼得·彼得森希望迅速并购战略性公司来拓展新的业务，而新的业务需要优秀的人才。因此，会员制引起了彼得·彼得森的关注与兴趣——让一些有能力的人成为黑石的会员，这些会员在业务、客户、关系、项目等方面与黑石有互惠互利的交流。

但前提是，黑石必须与"合适的"人建立这样的关系。在彼得·彼得森看来，一个机构应该将道德规范放在第一位，从黑石成立的那天起，职业道德和诚信一直都是最重要的。为此，黑石的合伙人与员工每年都必须签一次字，在规范要求自己的同时，还有责任揭发公司其他人任何不当的行为。对于这个规定，彼得·彼得森如是表示："会员使用的是黑石的品牌，因此我们决心避免这种可能毁坏黑石品牌，甚至是整个公司声誉的错误和不恰当的行为。"[1]

会员制的实施，使黑石的规模、业绩以及影响力都得到了大幅度的提升。

---

[1] 戴维·凯里、约翰·莫里斯：《资本之王：全球私募之王黑石集团成长史》，中国人民大学出版社，2017 年。

不作恶，只做善意收购

20 世纪 80 年代，正是恶意收购盛行的时期。有很多人向彼得·彼得森提出建议，说黑石应该追随当时行业的狂热趋势，去做恶意收购。

恶意收购指的是收购公司在未经目标公司董事会允许，不管对方是否同意的情况下所进行的收购活动。因为被收购公司的股东可以高价将股票卖给收购者，他们往往同意"恶意收购者"的计划。如果按照传统的公司法，经理必须对股东股票价值最大化负责，那么经理就有义务接受"恶意收购"。事实上，被收购公司的股东在 20 世纪 80 年代大都发了大财，因为收购者提供的价格一般都在原股票价格的 50% 到一倍以上。对此，美国西北大学法学院教授贝纳德·布雷克生动地说："本杰明·富兰克林（Benjamin Franklin）1789 年断言，死亡和税收是生活中最确定的两件事。如果他活到今天，他会加上第三件确定无疑的事实，即股东从收购中获利。"

说起恶意收购，有一个人不得不提，他就是迈克尔·米尔肯。这位年轻的银行家发明了一种新的融资方式——"高收益债券"，这种所谓的高收益债券实际上就是家喻户晓的"垃圾债券"，或简称"垃圾"。

在"垃圾债券"问世之前，发行债券只是一些经营良好的公司的专享权利，凭借公司良好的信誉，投资者相信他们的投入会在未来 10 年、20 年甚至 50 年内以分期付款的形式收回。但迈克尔·米尔肯敏锐地意识到，市场上有很多刚成立的新公司或高负债公司需要融资，但它们无法进入主流债券市场；另一方面，只要收益足够抵偿额外风险，投资者将乐意提供融资。于是，"垃圾债券"应运而生。

迈克尔·米尔肯在德雷克斯投资公司成立了专门经营低等级债券的买卖部，从此开始了他的"垃圾债券"的投资之路。他四处游说，寻找愿意购买"垃圾债券"的人，德雷克斯公司再把这些人变成"垃圾债券"的发行人。很快，经他推荐的机构投资者投资的"垃圾债券"的年收益率达到了50%。迈克尔·米尔肯和德雷克斯公司因此声名鹊起，并成了"垃圾债券"的垄断者。

在为公司客户销售了47亿美元的垃圾债券之后，德雷克斯公司嗅到了机会，开始进军有利可图的杠杆收购领域。德雷克斯公司不仅仅是要扩大融资规模，而且还要提高自身在企业并购业务中的地位。

KKR集团是第一批尝试到垃圾债券威力的公司之一。1984年，在收购眼镜护具和礼品零售店领域的美国科尔公司的交易中，迈克尔·米尔肯帮助KKR集团募得3.3亿美元。尽管债务成本很高，但德雷克斯公司还是成功击败了诸如保诚集团这类竞争对手，不久，KKR集团便全面终止了与保险公司的合作，转向德雷克斯公司提供的看似取之不尽的垃圾债券资本。

20世纪80年代中期，达到事业巅峰的迈克尔·米尔肯和他的团队每年至少承销200亿美元的垃圾债券，占据了整个融资市场60%的份额。他们给杠杆收购界带来的新的融资手段，彻底改变了并购市场的游戏规则。

垃圾债券的热销催生了恶意收购者，新的杠杆收购公司如雨后春笋般涌现，他们通过唬人的伎俩动摇公司人心，最终常常是整个企业集团都投入了并购公司的怀抱。市场上的公司和持反对态度的媒体给这些市场的入侵者起了很多绰号，如"企业掠夺者""海盗""下流艺术家"等，其中比较著名的是"野蛮人"。

这些恶意收购者就像豺狼一样，紧紧盯着那些运营情况糟糕的上市公司，伺机进行收购。与其他收购公司一样，这些掠夺者无时无刻不在搜寻那些股票被低估的公司：由于拥有未在股价上反映的价值不菲的资产或缺乏高效能干的管理者，企业的实际价值比市值高出不少。这些掠夺者和收购公司在寻找企业隐藏价值方面同为一丘之貉：通过拆分被收购公司，把公司潜藏价值挖掘出来。但他们对经营被收购企业毫无兴趣，一旦这些企业落入他们手中，便只有逐渐衰退这一条路可走。

在企业界，这些恶意收购者一直被视为是一群唯利是图、为一己私利推翻管理层、毁掉目标公司的野蛮人。彼得·彼得森对他们极为不齿。尽管做恶意收购可以获得巨额收益，但彼得·彼得森却为黑石集团定下了一条基本原则：坚持不做恶意收购。

在彼得·彼得森看来，恶意收购往往是一个把收购成本无限提高的过程，收购者要应对可能出现的毒丸计划、金色降落伞或白衣骑士；而被收购者为求自保，往往启动杠杆收购，这将直接导致企业债务猛增。因此，黑石集团在迄今为止的每一单收购生意中都能与关联公司保持友善的关系，甚至为了坚守善意收购的原则而愿意做出必要的牺牲或放弃某些已付出的努力。这使得黑石赢得了很多企业的信赖，建立了强大的关系网络。

后来，不做恶意收购成为黑石集团的标志性策略。由于黑石从不作恶，因此一直拥有较好的口碑，越来越多的企业愿意和黑石合作。在收购摩托罗拉的芯片生产商飞思卡尔半导体公司时，因为摩托罗拉之前已将部分股权出售给了 KKR 集团，KKR 集团为了阻止黑石集团的收购邀约而处处下绊子，但为了不违背自己的行为准则，黑石高层无数次与 KKR 集团管理层耐心磋商，最终以 176 亿美元的适中价格将飞思卡尔揽入怀中。

无独有偶，在收购德国电信股权的过程中，许多保守的德国政客将黑石及其收购合作者比作收购和剥离本国国家资产的"蝗虫"而竭力阻止。于是黑石高层不厌其烦地飞往德国，在当地政界和商界中反复游说，并向德国政府承诺收购完成后不会再继续增持股票，也不会成为控股者。最终，黑石"俱乐部成员"出资 26.8 亿欧元赢得了德国电信 4.5%

的股权。

更值得一提的是黑石集团对塞拉尼斯公司的收购。

2001年，正当德国塞拉尼斯公司准备致力于从一家生产化学日用品和特制品、工程聚合物、油漆和食物配料的公司转变为生产高附加值产品的化工公司时，恰巧遭遇了世界经济的整体衰退。正在大家都为公司前途担忧的时候，黑石集团伸出了援手。

在黑石看来，塞拉尼斯只是一时落难，本质依然优良，经济的不景气导致其价值被明显低估，正是黑石介入的好时机。该公司曾是一家久负盛名的全球性的工业化工公司，握有多项专利技术，其主要产品在市场上大都拥有首屈一指的地位。施瓦茨曼认为，只要全球经济走强，需求重新旺盛，塞拉尼斯一定会率先涅槃重生。

2003年年底，黑石如愿以偿地收购了塞拉尼斯84%的股份，全部交易金额为38亿欧元，包括公司所有的净负债额以及退休金和退休后福利义务。这起收购案由于其所处的特殊时间和环境，成为2003年度十大并购交易之一，也是至今在德国由上市公司转变为私人公司的最大收购案。

之后的两年内，黑石积极致力于塞拉尼斯的重组工作，后者很快获得了充足的现金流。除了进一步巩固优势，黑石还把塞拉尼斯的一部分非核心业务剥离出来，例如将尼龙聚合体业务出售给巴斯夫公司，以进一步突出主业。

2005年，塞拉尼斯重新在美国纽约证券交易所上市。当时以互联网为代表的新经济陷入低谷，传统行业重新受到资本市场青睐，尤其是化工类公司股票普遍具有较高的市盈率。黑石转手之间就拿到了现金收益30亿美元，而且手上还掌握了60%之多的股份，创造了一个"化腐朽为神奇"的神话。

不做恶意收购的准则以及和气生财式的投资风格，引导着黑石集团不断走向辉煌。

另类资产管理之路

在彼得·彼得森与史蒂夫·施瓦茨曼的带领下，黑石集团在收购领域的发展如火如荼。就在这时，质疑的声音开始出现。

1990 年，黑石集团的一些合伙人认为，他们和公司的大部分资金都被私募股权投资占用着。在他们眼里，私募股权投资是长期且不易变现的资本。现金不仅被占用了，而且其价值还会随股票和证券市场的波动而上下波动。

这让彼得·彼得森认识到，虽然他们的主要兴趣在于私募股权投资，但也需要投资一些与此不同的基金，因为它容易变现，与传统的股票和债券没有联系（所以才叫另类资产管理），并且能够为股票市场高风险、高回报的变化无常提供避险保护。

于是，他们成立了黑石另类资产管理公司，也就是通常所说的对冲基金组合。

在黑石另类资产管理公司成立初期，用于投资的资金大多来自合伙人的个人资产以及黑石集团的资产，这使得他们格外地谨慎小心。事实上，他们拥有日兴证券一亿美元的股本金，可以自由支配，也可进行任何投资，但在彼得·彼得森看来，在采取任何更长远的、让黑石的名字变得更响亮的行动之前，他们必须确保能够完全掌握它的操作方法，并且要有一个专业的团队来经营和管理如此繁杂的业务。

彼得·彼得森花了好几年的时间来摸索另类资产管理之道。他们从成功中总结经验，从失败中吸取教训，尽管有些教训是惨痛的。比如，从财务的角度来看，第一年黑石另类资产管理公司损失了 8%，而这些钱大多是他们自己的资产。除此之外，他们在人事选择上也犯了很幼稚的错误，这个教训是非常沉重的，直接导致了员工的大量流失。

这时，彼得·彼得森开始冷静下来，进行反思：

> 我一直在想，早些时候我们为什么会犯这些错误？或许是太过着急了，有人说我们太过心急而几乎没有花时间来培养公司的人才。比起培养公司内部的人才，从公司外招募人才的风险要高得多。另外，我们很难弄明白聘用这些人的真正理由是什么。许多人非常擅长通过责备他人来为自己的缺点开脱。人人都知道，企业非常需要并依赖于精英人才，然而当一些所谓的"精英"出现在人才市场的时候，你需要搞清楚聘用这些人的真正理由。在黑石工作确实令我吸取了一些教训。现在我们把重心放在了审查可能成为员工的人，特别是那些可能成为高层管理人员的人身上。我们请一流的管理评估企业 G. H. Smart 前来指导我们对高水平专业人才进行面试的工作。通过他们密集的尽职调查，我们得以预先了解候选人的优势、劣势和他们离开之前职位或被开除的难以捉摸的缘由。感谢他们，现在我们员工的流失率终于降低了。[1]

2000 年，雷曼前联合首席执行官、彼得·彼得森的好朋友汤姆林森·希尔接管了黑石另类资产管理公司。在他的经营下，黑石另类资产管理公司开始迅猛发展。如今，黑石另类资产管理公司拥有 19 种不同的战略和 19 条不同的客户渠道，都是为满足一些大企业投资者的具体需求，为他们量身打造的。他们支付的管理费为黑石提供了大量稳定的收入并巩固了黑石的地位。

---

[1] 彼得·彼得森：《黑石的选择》，浙江人民出版社，2018 年。

黑石上市

自从 1985 年携手创建了黑石集团，彼得·彼得森与史蒂夫·施瓦茨曼一直亲密合作、共同战斗。

美国《财富》杂志曾发表文章评论道，黑石集团的每一个辉煌都是彼得·彼得森与史蒂夫·施瓦茨曼并肩战斗的成果。两个人一个是"润滑剂"，一个是"发动机"，配合得几乎天衣无缝：年富力强的史蒂夫·施瓦茨曼坚忍不拔的毅力和充沛的精力是黑石这部庞大的"生财机器"得以顺利运转的"发动机"，老谋深算的彼得·彼得森在金融界及政界丰厚的人脉资源和游刃有余的外交手腕则是黑石的"润滑剂"。[1]

不过，也有人这样形容彼得·彼得森和史蒂夫·施瓦茨曼的关系："他们之间有一种爱恨交加的关系。彼得·彼得森觉得是他造就了史蒂夫·施瓦茨曼，而史蒂夫·施瓦茨曼认为他成就了彼得·彼得森。"

不过，无论如何，他们的关系都称得上是"华尔街历史上最持久的伙伴关系"。

随着黑石集团的蓬勃发展，彼得·彼得森渐渐开始放手，学者、作家和公共政策专家的角色花去了他的大部分时间，因此，他把公司的最高管理角色让给了史蒂夫·施瓦茨曼。

---

[1] Lynn：《彼得·彼得森——如何造就新的华尔街之王》，外滩画报，2010 年 4 月。

2007年年初，史蒂夫·施瓦茨曼向他汇报，说他和汉密尔顿·詹姆斯一直在考虑黑石上市的利与弊，并问他有什么想法。汉密尔顿·詹姆斯是黑石集团一位能力出众的总裁兼首席运营官，他于2002年离开瑞士信贷第一波士顿银行，加盟黑石。

对上市一事，彼得·彼得森并不赞同，后来他曾说："对我而言，具有讽刺意味的是，一家私募股权公司一直在强调私有公司的长期表现会更优异，如今却要上市圈钱去了。"[1]

彼得·彼得森知道，上市会带来很多好处。如果黑石拿出10%的股份公开销售，那么，在当时819人的职工花名册中，57个合伙人就能以手中所持的股份换取现金。这会大大增加黑石的资本金基础，也能为黑石的投资提供巨大的资金来源。在并购交易中，利用自己的资本金进行投资可以为企业创造100%的回报率，而利用别人的资金进行杠杆交易投资，回报率最多只能有20%。黑石集团还可以将上市后获得的资金投放到黑石旗下的基金中。那时黑石的股本总金才不到2亿美元。

但他也清醒地看到，上市同样会带来很多不利之处。彼得·彼得森说："我曾经经营过一家上市公司，所以我非常清楚上市公司意味着什么。有一天我和史蒂夫讨论了两个小时，我说：'你看，我就要退休了，在我还有权利根据公司创始人达成的协议阻止这个计划的时候，我并不打算阻止，我相信你对这件事已经彻底考虑清楚了。我想说的是公开上市与公司私有有着极大的不同。你已经习惯了将自己的补贴、计划、安排等一切隐私化，你习惯了隐秘的生活，一旦成为CEO后你将成为中心，将受雇于董事会。你也许要不停会见股票分析师，投资者会不停地打来电话，耗费你许多时间。要是公司出现什么公开化的问题，你还将成为媒体焦点。'"[2]

---

[1] 彼得·彼得森：《黑石的选择》，浙江人民出版社，2018年。

[2] 同上。

不过，尽管如此，彼得·彼得森并没有明确表示反对，他对史蒂夫·施瓦茨曼说，如果他对所有事务都经过了深思熟虑，那么不管他做出的是什么决策，他都会予以支持。因此，在史蒂夫·施瓦茨曼的指引下，黑石集团很快就发展到了可以合理讨论首次公开招股的阶段。

2007 年 3 月 22 日，黑石集团正式公开向美国证券交易委员会提交了上市文件，计划筹集资金 40 亿美元。2007 年 6 月，黑石集团完成了 IPO：募集资金总额为 45.5 亿美元，总市值达到 400 亿美元[1]。

黑石集团的上市不仅仅是私募行业的一次重大突破，也是美国近五年来最大的 IPO，它直接推动黑石集团晋升为华尔街的顶级公司。当时黑石集团的市值已经与雷曼兄弟集团——彼得·彼得森和史蒂夫·施瓦茨曼开始他们银行业生涯的地方齐平，同时也是高盛的 1/3。黑石集团成功了。

而黑石的上市，也让彼得·彼得森一下子成为亿万富翁。2007 年 6 月 18 日，黑石首次公开募股的日子到来了。彼得·彼得森丝毫不相信这一切是真的。因此，他打电话给银行，确保他卖出股票的钱已经汇到了他的账户上。仅有银行的口头承诺还不够，他还要求得到书面形式的保证。几分钟过后，他收到了回复，也收到了 18.5 亿美元的汇款。在缴付了资本所得税、信托费和委托费之后，彼得·彼得森的净收益超过了 10 亿美元。

---

[1] 谢辉：《私募之王黑石集团：血流成河时即入场之机》，期货日报，2015 年 1 月。

第十章

投身慈善：努力做有价值的事

2008 年年底，彼得·彼得森建立了以自己名字命名的慈善基金会。他为彼得·彼得森基金会制定了一个宗旨——关注可能危及美国和美国家庭未来的重要挑战。

告别黑石

很多顶级富豪在功成名就后依然狂热地热爱着工作，拒绝退休。最为中国投资者熟知的沃伦·巴菲特，已经年过九十，却仍然没有退休的想法，投资是他最热爱的工作，用"工作狂"来形容他一点也不为过。他在接受《财富》杂志采访时说："如果我的肌肉退化体力消失了，这并不重要，因为这些事情不会影响我选择股票，以及购买公司的能力。"素有"加拿大的默多克"之称的加拿大首富肯尼斯·汤姆森，每天按时上班，直到82岁那年突发心脏病在办公椅上静静离世。

彼得·彼得森也是一个工作狂，却不恋栈。2007年6月黑石上市后，他就做好了退休计划，决定与黑石告别。

这些年来，他一直过着异常忙碌的生活。在自传中，彼得·彼得森曾经这样讲述过自己的一天：

> 那时候的我可谓是忙得天昏地暗。在雷曼，每天我基本是这样度过的：几个同事和我一路坐专车去公司，他们在车里向我汇报工作或敲定计划。到办公室后，我和潜在项目的客户代表共进早餐。中午，自然还有商务聚餐。下午晚些时候，我可能需要将某位外国领导介绍给外交关系协会的成员们。每天，我要接听25-30个电话。当然，还得打出同样多的电话。看牙医的时候我都还惦记着抽空写写演讲稿，有时还得在数百封写给两党联合预

算上诉委员会中各位首席执行官们的信件上签字。我一天之内参加的会议没有 10 个也有 5 个，还不包括各类聚餐会议。每天还有好几名助手围着我高速工作。到了周末，我还要为杂志写文章、给出版社写书。这种生活，用天昏地暗来形容恐怕还不够吧？

在黑石的日子虽然没有在雷曼时那么疯狂，但我的安排仍然十分紧凑。除了日程被排得满满当当，好像没有哪天我放下过公司或协会的事务。时不时地，我还要处理来自国际经济研究所或协和联盟的事务，参加美联储纽约分行每周一次的电话会议和每月一次的董事会会议。[1]

在他近六十年的职业生涯里，紧张、压力以及马不停蹄地奔波成了他生活的主旋律。为了工作，他几乎投入了自己的全部时间和精力，他的两次婚姻都是因为过度痴迷于工作而破裂的。理性告诉他，离开黑石的日子到了。

2008 年 12 月 31 日，彼得·彼得森正式退休。那天，伴随黑石走过的二十年光阴一直浮现在他的脑海里。他为过去的自己而感到骄傲，但现在他想尝试一种新的生活，或许是时候享受人生了。

后来，他总结道："我们应该在事业和个人生活中寻找一个令自己健康快乐的平衡点。某些时候，重新找回自己的生活意味着青云直上的事业轨迹将放慢速度。拿我自己来说，我知道离开黑石意味着会丧失更多的收入。然而，这也意味着我可以花更多的时间陪伴琼和孩子们，还有我的朋友和参加各种公共政策事务活动。我也正是这样做的。无论我们作何种具体的调整，最重要的一个基本原则是——没有深思熟虑，不会自我剖析，或者不知道轻重缓急，在必要时不会取舍。对于大多数人来说，平衡的生活来之不易。"

---

[1] 彼得·彼得森：《黑石的选择》，浙江人民出版社，2018 年。

不过，起初，退休后的彼得·彼得森并没有像他想象的那样去享受生活，习惯了高强度工作的他乍一闲下来，竟然"悲从中来"。再也没有了此起彼伏、不断响起的电话铃声，再也没有了纷至沓来的传真和信件，再也没有了排得满满的日程表，反而让彼得·彼得森失落不已，他开始失眠，感觉生活无趣，平日的幽默感也不见了。

他曾这样形容自己刚退休时的状态："做事，难以集中精力；看书，常常走神；社交活动也失去了往日的吸引力。朋友们比以往更喜欢询问我最近可好。大部分朋友对我都很支持，愿意听我没完没了地倒苦水，滔滔不绝地自言自语。有几个朋友（特别是喜欢开导人但没法开导我的朋友）则告诫我，我根本没有任何理由感到失落。毕竟，我有一个很棒的妻子，一个温馨的家庭，一笔丰厚的财富，一段传奇的人生，外加一副凑合的体魄。其实他们想说的就是——知足吧！但我觉得事情并非如此。"

几个月的时间就这样过去了，彼得·彼得森不但没有适应退休后闲适的生活，反而感觉越来越空虚了，他开始思考："如果没有事业，我将是怎样的一个人？为什么我未能好好享受这空闲，未能花钱做任何我想做的事？"

彼得·彼得森从未想到，退休带给自己的竟然是前所未有的迷茫。

投资 10 亿美元成立慈善基金会

迷茫中的彼得·彼得森开始像一个初出茅庐的年轻人一样寻找人生的意义，但这并不是一件容易的事。为了找到答案，他开始研究其他的企业家是如何生活的，希望从别人的人生中找到一些可以借鉴的经验。

他发现，那些让他佩服的企业家大都是慈善家，比如大卫·洛克菲勒，他在很多方面都是他的榜样。此外，麦克·彭博、乔治·索罗斯、艾利·布劳德，他们每个人也都很钟爱慈善事业。于是，他认定这也是他想追求的事业。

不过，要从事哪一领域的慈善呢？这个问题引起了彼得·彼得森的深思。

反纳粹神学家迪特里希·潘霍华（Dietrich Bonhoeffer）说过的一句话让彼得·彼得森如醍醐灌顶："要判断一个社会是否道德，就看它馈赠给后人一个什么样的社会。"然而，放眼美国，彼得·彼得森看到的是一个急功近利的国家完全沉浸在当下的生活——对未来的考虑鼠目寸光还不可一世，对拥有的一切不怀感恩反觉受之无愧。

这让彼得·彼得森感慨不已："有道义、有担待的先人似乎已经在我们视线中消失良久了。作为一名身经百战的老战士，我决定教育、引导、激励美国民众通过行动共同应对这样那样的未来挑战。"

2008 年年底，彼得·彼得森建立了以自己名字命名的慈善基金会。

他为彼得·彼得森基金会制定了一个宗旨——关注可能危及美国和美国家庭未来的重要挑战。[1]

接下来，彼得·彼得森面临的一个重要问题是：该投入多少钱到这个基金里呢？彼得·彼得森知道，基金会的使命是非常艰巨的，因为在这些几乎看不见、摸不着、极难解决、关乎未来稳定发展的挑战上，已有的投入非常少。

这时，小说家库尔特·冯·内古特曾讲的一个故事给了他深深的启发：

一名阔绰的对冲基金经理在他位于汉普顿海滩的豪华别墅里举行派对。汉普顿海滩是夏日的消暑胜地，位于富人、名人聚集的长岛。库尔特·冯·内古特和作家约瑟夫·海勒一同参加了这个派对。

在派对现场，库尔特在巡视了四周后，问海勒："你从《第二十二条军规》全球销量中得到的版税还不及这屋主一天的收入，你会不会觉得不平衡？"

海勒想了片刻，回答道："不会觉得不平衡啊！我有他没有的东西。"

"你怎么可能有他没有的东西呢？"库尔特反问道。

"我知道什么叫'知足常乐'。"

彼得·彼得森想起，他的父亲也曾教给他"知足常乐"的道理。当年少时的他问父亲为什么不买新车的时候，父亲告诉他："儿子啊，这些旧东西足够我们用的了。有些人连这些旧物件都还没有呢！"当他还是小男孩的时候，他觉得自己没有拥有足够的东西。到了八十岁的时候，他却突然意识到，即使黑石没有上市，他也已经拥有了足够多的东西。

于是，彼得·彼得森做出了一个令人惊讶的决定：给基金会投资10亿美元。这已经是他从黑石上市中所获得的大部分收益了。

---

[1] 彼得·彼得森：《黑石的选择》，浙江人民出版社，2018年。

如此巨额的投入，曾为彼得·彼得森招来太多的不解甚至是质疑。然而，每当这时，他就会想起他的朋友、曾在芝加哥大学执教的乔治·施蒂格勒教授说过的一番话："如果人无须作为，那他也就无须沮丧。"他扪心自问："如果现在我不作为，10 年、20 年后的某天，突然发现美国人雄风不再、美国梦无迹可寻，那时我的心境恐怕就会更沮丧吧？不作为根本就不是出路。"

就这样，在 83 岁的时候，彼得·彼得森开始了自己新的事业——慈善事业。同时，他也立下了一个宏伟的志向："我尽我所有微薄的力量，努力给我的儿辈、孙辈同样的机会去实现梦想，真正成为拥有梦想的寻梦人。虽然我已经是八旬老人了，但我并不想全身而退。"[1]

彼得·彼得森曾自嘲"为工作而生"，他的所作所为恰恰证明了这一点。找到自己人生新航道的彼得·彼得森重回江湖，以耄耋之龄开始了在慈善领域的奋斗之旅。

---

[1] 彼得·彼得森：《黑石的选择》，浙江人民出版社，2018 年。

关注未来高于一切

回顾自己过去的成功，彼得·彼得森将其归结为梦想的驱动："'美国梦'是一种机会，一种通过自我激发、不受人为限制的进取心和才能来塑造生活的机会——一种长江后浪推前浪的机会。"[1]

彼得·彼得森常说自己是一个幸运的人，在他看来，如果他不是出生在美国，如果他的父母不是如此上进，他可能不会创造出今时今日的成就。然而，几十年过去了，他发现了一个非常残酷的现实：按照美国社会的运行轨迹，美国梦正面临严峻的挑战，同样面临严峻挑战的还有美国的未来。对此，很多人都发出了同样的感慨：如果社会这样发展下去，他们的下一代将无法超过他们这一代。

彼得·彼得森的心头充满担忧：他担心年轻一代的美国人可能无法享有他曾拥有的机会，他担心按照美国当前的趋势，压在后人身上的债务负担可能会限制他们的选择空间，阻碍他们的雄心壮志。

怀着这样的担忧，彼得·彼得森发起了一个以关注青少年为主题的运动。他号召这个运动的参与者们尽心尽力地帮助下一代，年轻人去哪里，他们就去哪里：新兴媒介、博客、YouTube、Facebook、MySpace、社交网站、电玩以及以后将被发明的网络手段。他还举行了热闹非凡的青年峰会，让青年人有机会指点江山。为了扩大运动的影

[1] 彼得·彼得森：《黑石的选择》，浙江人民出版社，2018年。

响力，他还招募了一些商界领袖，让他们参与这项事业。《纽约时报》的托马斯·弗里德曼形象地将彼得·彼得森称作未来奋斗的"实践者"。

除了关心下一代运动，彼得·彼得森还进行了很多能促进社会改革的努力。

为了让所有美国人意识到债台高筑的风险，2008年，彼特·彼得森基金会投资拍摄了纪录片《I.O.U.S.A.》。美国前副总统阿尔·戈尔参与制作的著名纪录片《不可忽视的真相》，以夸张的手法传达了全球变暖的信号。《I.O.U.S.A.》模仿这一纪录片，以美国经济陷入危机作为题材，围绕美国快速增加的国债和不断飙升的财政赤字展开调查。

这个纪录片以美国国会下属政府问责局前局长戴维·沃克的视角，运用翔实的数据和图表，回顾了美国债台高筑的历史和原因。为了拍摄影片的片段，彼得·彼得森和摄制组花了整整一年时间在全美各地旅行，采访各式各样的美国人，向各地不同的论坛游说，要求他们谈论债务问题。美国众多政商界要人都接受了访谈，其中包括"股神"沃伦·巴菲特。

这是一部围绕美国的债务问题展开、博得评论界称赞、具有获奖潜力的影片，得到了许多有志有识青年、人民群众和商业人士的支持。美国媒体将其戏称为"不愿面对的呆账"，认为它在经济领域唤醒公众意识方面的意义，和戈尔的《不可忽视的真相》在环保领域的意义不相上下。

一年后，为了教育奢侈而短视的美国年轻人学会节俭，彼得·彼得森基金会推出了一款新的在线视频游戏：债务雪球。这款游戏的主角是一只小猪，它必须在吃金币和购买东西的过程中，努力增加"小猪银行"的储蓄，降低债务，并保持"小猪银行"的幸福感，这样，"小猪银行"才不至于被债务压垮。

在彼得·彼得森看来，游戏的目的是教育玩家学会管理自己的金钱和债务，在日益紧迫的经济危机下，增强美国年轻人的节俭意识。大学生很少从传统媒体获取信息，因此使用视频游戏向他们传播观点是非常好的一种方式。为了吸引更多的美国大学生玩这款游戏，彼得·彼得森基金会每周还送出数额不等的奖金给高级玩家。

彼得·彼得森看起来比谁都关心美国的未来，然而，作为一个从华尔街退休的慈善家，质疑声一直伴随他左右。有些人甚至怀疑他建立基金会的动机实为避税：如果向政府交齐 10 亿美元的税，或是干脆把 10 亿美元捐给政府，岂不是比他所做的一切更有助于迅速解决国家债务问题？彼得·彼得森却坚持自己的想法——他认为他的基金会在国家生活中扮演着革新者的角色："你绝不会看到政府去赞助那些广告。"

彼得·彼得森是一个重视长远利益的人，在他总结的人生经验中，最重要的一条是：

> 回望过去，我遇到的机会最后都成了二选一的题目——眼前利益还是长远利益。而我的选择都是长远利益。[1]

而投身慈善、承担社会责任，正是彼得·彼得森在眼前利益与长远利益之间做出的明智选择。

---

[1] 彼得·彼得森：《黑石的选择》，浙江人民出版社，2018 年。

斯人已逝，传奇永存

彼得·彼得森在晚年过着幸福安定的生活。琼·库尼没有自己的孩子，却和彼得·彼得森的五个孩子相处融洽。他们经常会去看望儿女和孙儿们，彼得·彼得森一直引以为傲的一件事是他"与孩子和孙儿们打高尔夫球的时间比其他人都要多"。当他尽情地享受着幸福的时光时，他无时不对琼·库尼进入他的生活而心怀深深的感激。

除了慈善事业之外，晚年的彼得·彼得森还花费了巨大的心血用来回望自己走过的路，总结自己的人生经验与教训，后来，他将这些经验教训总结为"七堂课"[1]：

第一堂课：发挥你的比较优势。

也许我学到的第一堂课是：不要被某个工作牵着鼻子走，如果它仅仅是薪水高、福利好、地理位置好，或给你大办公室坐。集中关注你的优势能否在工作中得到体现——你的比较优势。我的第一份工作，从事零售业的那份，体现的就是我的相对劣势，所以惨败。在那之后，我学会拒绝不适合我的工作机会，不管它多么诱人。最后，我发现我事业的好坏确实取决于我在工作岗位上的表现，也就是说是否可以充分发挥我的优势。亚当·斯密的学生将牢记他数世纪都适用的至理真言：发挥你的比较优势。我发现这句话对人也好，工作也好，都同样适用。

---

[1] 摘编自彼得·彼得森：《黑石的选择》，浙江人民出版社，2018年。

第二堂课：思想上不能懒惰。

当我将自己的比较优势付诸实践后，我学到了重要的第二堂课：思想上不能懒惰。常常思考一下你的公司、你所处的行业，还有整个经济环境的具体状况是怎样的吧！在广告业，不是被叫作天才就可以高枕无忧了。还要思考广告是什么，广告可以是什么，广告应该是什么。在我从事过的两个领域的事业中，我发现我自己不仅仅被一些微观的问题所吸引，即每个人每天都要做好的具体的事务，还有很多宏观的问题，即一些抽象的问题能够刺激起我的兴趣。我喜欢这样细小而又宏大、具体而又抽象的事物。

第三堂课：最重要的是投入，并试着采取实际行动。

对于我来说，最重要的是投入，并试着采取实际行动。这就意味着尝试改进或改善我认为值得努力的境况，还要尝试改变我认为需要被改变的事情。这就是为什么我花了如此多的时间去各种机构工作，或者建立各种机构。这些机构极大地扩大了我的交际圈，帮助我结识了很多和我有思想共识的人。

所以，在我人生的关键时刻，我发现不时会有人为我预备某个董事会的职位——不管是营利还是非营利组织，或者为我的公司带来新的业务，因为在上述这些领域中，他们曾经和我并肩作战。之前我根本没有料到，业余活动也能成为我事业的功臣。这堂课的一个要点是：别因为它助你一臂之力才参与这些活动。我的参与源自我的兴趣。兴趣有了，其他的自然就水到渠成了。

第四堂课：结合个人需要谨慎选择你的奋斗领域。

当一些不能挣钱的机会摆在我面前时（这种事经常接踵而至），我得做出艰难的选择。我应该将机会全抓住，抓住大部分，还是选择其中几个？当我想法活跃，对感兴趣的事跃跃欲试、摩拳擦掌的时候，我知道这些兴趣最后可能会导致三心二意、急于求成，也就是做事一会儿东，一会儿西。所以，我最终只选择其中的一二。我的一个原则特别简单，就是跟随自己的激情走。或者像哲学家约瑟夫·坎贝尔说过的，

"追寻你的直觉"。在自己感兴趣的领域工作是多么幸福的事啊！

我时常会为了建立更好的人际关系网而被某个知名机构的董事会席位所吸引，但如果这不在我的兴趣范围之内，我会拒绝。

因为我对某些领域的事情特别有激情，而且愿意花很多时间在上面，我不仅会十分乐意在这些机构的事务上花上大量的时间和精力，而且会愿意参与它的管理和它的筹资活动（这点很重要）。

另外，我也有意外的收获。偶尔，我会被邀请担任财务总监一职，该职位的首要任务之一就是筹钱，而这个任务反过来又帮助我和更多美国政商界要人建立亲密的关系。我在一个领域的努力会使其他领域的工作受益，比如为自己公司赢得更多的业务或者结交一群新的朋友。

第五堂课：忠于自己的原则、自己的内心、自己的道德标准。

父母让我知道，忠于自己的原则、自己的内心、自己的道德标准是多么重要。正因他们的教导，我才敢于对不值得我付出的人说"不"。虽然这几个"不"明显会带来一些短期损失，但是一般情况下，长期收益最终会出现。

我希望我一直能恪守自己的原则，但是有两次我却没有做到这一点。一次是在麻省理工学院，我盗用了罗伊·科恩的论文。我的借口很蹩脚：我感叹这个来自内布拉斯加州的乡村男孩终于能拥抱纽约赋予的新社交生活，并且我还狡辩说我其实没有"真正"抄袭他的论文，因为我还另外加入了"很多"自己的东西。我曾发誓不仅要对他人诚实，而且要对自己诚实。这次我明显违背了这个原则，也为此付出了代价，而且代价十分惨痛。

另一次是在雷曼兄弟公司，我长期默默容忍了几个合作人的一些不该被容忍的行为，因为我顾及的是"和平相处"、维护短期利益。

在这两个事件中，都存在短期利益和享受，或者可以避免一些短期痛苦，但它们都以牺牲一些重要的长期利益为代价。

相反，在我坚守誓言、恪守原则的时候，即使当下不好受，长期利益却可能获得满足。我此生的经历无一例外地印证了这一点。

在我人生的一系列重要转折点，我能干脆地说"不"。我感觉我有充分的理由说"不"，这可能是道德因素使然，也可能是直觉告诉我主管人或决策者的品格有缺陷，或项目的可行性值得商榷。

举个例子，在麦肯公司有个老板，他侵蚀公司的养老基金，不顾大局购买超大型专用飞机，偷窃我的工作成果，唆使初生牛犊的我谋取公司总裁一职。不过我毅然决然地辞职了，虽然当时我还没有找到后路。这在当时是个十分艰难的决定，但我从未后悔过。

说来轻松，实施起来有时候比我想象的要难。但是看远点儿，我知道这样做是正确的。

第六堂课：在事业和个人生活中寻找一个令你健康快乐的平衡点。

某些时候，重新找回自己的生活意味着青云直上的事业轨迹将放慢速度。拿我自己来说，我知道拒绝担任黑石执行总裁意味着丧失更多的收入。然而，这也意味着我可以花更多的时间陪伴琼和孩子们，还有我的朋友和参加各种公共政策事务活动。我也正是这样做的。

无论我们做何种具体的调整，最重要的一个基本原则都是：如果没有深思熟虑，不会自我剖析或者不知道轻重缓急，在必要时就不会取舍。对于大多数人来说，平衡的生活得之不易。我们需要考虑以下问题：对你来说，平衡的生活意味着什么，以及在制造不平衡的生活上花了多少时间？你愿意为了平衡的生活改变或放弃什么？

第七堂课：选择长远利益。

不要没有搞清状况就被一个工作机会给诱惑了。你不能仅仅是找一个能发挥你相对优势的工作，你还要考察企业文化的不足之处，因为这些不足像地雷一样潜伏着，随时可能摧毁你的事业。事先对未来雇主作全面的考察，既可以带来巨大的红利，还可以避免很多风险。如果我在进雷曼之前也做了这样的工作，那我很可能一开始就不会选择加入它。

回望过去，我遇到的机会最后都成了二选一的题目——眼前利益还是长远利益。而我的选择都是长远利益。

上述彼得·彼得森的"人生七堂课"对人们的影响非常深远，甚至改变了很多人的人生。

2018 年 3 月 20 日，彼得·彼得森在美国曼哈顿的家中安然逝世，享年 91 岁。

从贫穷的希腊移民之子，到麻省理工学院的退学青年，到扮演尼克松内阁成员中经济领域的"基辛格"的角色，到力挽狂澜的雷曼兄弟公司"一把手"，又在 60 岁时联合创立黑石集团，并推动这家创始资金只有 40 万美元的投资机构成为资产管理规模高达近千亿美元的私募巨头，彼得·彼得森经历了极具传奇色彩的一生。

而在他的引领下，黑石集团也成为华尔街最与众不同的一家企业。从坚决不做恶意收购，到首开先河成为公众公司，不走寻常路的黑石一步步成为一个伟大的公司。彼得·彼得森成就了黑石，也成就了一个时代。

《财富》杂志如此评价："如果说史蒂夫·施瓦茨曼的成功是伴随着黑石集团的崛起，那么黑石集团只能算是彼得·彼得森经历中的一个片断；如果说史蒂夫·施瓦茨曼攀上了私人股权投资基金的顶峰，那么彼得·彼得森在很多方面都是巨人。"[1]

如今，斯人已逝，但传奇却永不落幕，他的名字将与继续前行的黑石集团一起永载史册，他的故事也将激励更多人奋勇向前。

---

[1] Lynn：《彼得·彼得森——如何造就新的华尔街之王》，外滩画报，2010 年 4 月。

彼得·彼得森大事年表

1926 年 6 月　　彼得·彼得森出生在美国中西部内布拉斯加州卡尼小镇的一个希腊移民家庭，他的父母在小镇上开了一家 24 小时餐厅。

1931 年　　彼得·彼得森就读于爱默生小学。

1943 年春天　　彼得·彼得森以年级第一名的成绩毕业于朗费罗高级中学。

1943 年年底　　彼得·彼得森收到麻省理工学院录取通知书。

1944 年秋　　因论文抄袭，彼得·彼得森被麻省理工学院开除。

1944 年秋 –1945 年秋　　彼得·彼得森在麻省理工学院辐射实验室的采购部做采购工作。

1945 年秋　　西北大学校方批准了彼得·彼得森的入学申请。这一次，他吸取了在麻省理工学院的教训，并成功地从西北大学毕业。

1946 年　　彼得·彼得森受邀出任年刊《教学大纲》的广告经理。

1947 年　　彼得·彼得森联合组织有着悠久历史的学生时事音乐剧瓦阿姆表演。

1947 年 8 月	彼得·彼得森以优异的成绩自西北大学毕业，取得零售学学位证书。
1947 年 8 月至 12 月	就职于罗伯特兄弟百货公司玩具部及采购部。
1948 年夏天	彼得·彼得森与克丽丝·克林吉尔举行婚礼。
1948–1953 年	就职于芝加哥的小型市场调查公司"Market Facts"，1953 年当上公司副总裁。
1950 年年底	彼得·彼得森与克丽丝·克林吉尔离婚。
1951 年	获得芝加哥大学工商管理硕士学位。
1951 年	乔治·弗莱的一通电话让彼得·彼得森第一次踏入艾森豪威尔的阵营。
1953 年 7 月	彼得·彼得森与萨莉·洪伯根举行婚礼。
1953 年	彼得·彼得森加入麦肯公司，任芝加哥分部的市场部经理，1954 年升任公司副总裁。
1954 年	第一个孩子约翰出生。
1956 年	第二个孩子吉姆出生。
1958 年	彼得·彼得森离家麦肯公司，加入电影设备制造商贝尔·豪威尔任第二执行副总裁。
1958 年 12 月	第三个孩子大卫诞生。
1961 年	彼得·彼得森受邀担任贝尔·豪威尔公司总裁。
1962 年	被《生活》杂志选为美国 100 位 40 岁以下最有影响力人物。

1963–1971 年	彼得·彼得森担任贝尔·豪威尔公司董事长兼 CEO。
1964 年 12 月 21 日	第四个孩子霍莉出生。
1969 年	第五个孩子迈克尔出生。
1969 年	彼得·彼得森接受洛克菲勒和美国前财政部长克拉伦斯·道格拉斯·狄龙的邀请，出任一家私营慈善基金会的董事长。
1971 年	彼得·彼得森接受尼克松的邀请，出任总统事务助理，被称为"尼克松政府经济领域的基辛格"。
1972 年 2 月	彼得·彼得森转任商务部长，并兼任美苏商业委员会主席。
1973 年	在经历了"水门事件"后，彼得·彼得森对政坛心生倦意，辞去商务部长。
1973 年	彼得·彼得森选择了华尔街历史最悠久的投资银行雷曼兄弟公司，出任副董事长，开始了他的投资银行家生涯。
1978 年	彼得·彼得森经历脑外科手术。
1978 年秋天	彼得·彼得森第二次离婚。
1980 年 4 月 26 日	彼得·彼得森与琼·库尼举行婚礼。
1983 年	雷曼兄弟公司内部出现了严重的分裂。彼得·彼得森不愿与公司第二把手格鲁克斯曼兄阋于墙，主动向董事会递交了辞呈。

1985 年	59 岁的彼得·彼得森和小他近 21 岁的史蒂夫·施瓦茨曼各出资 20 万美元，在纽约公园大道租了一个小办公室，创办了黑石集团。
1985 年	彼得·彼得森接替大卫·洛克菲勒，任外交关系委员会主席一职。
2007 年	黑石集团完成了 IPO，总共募集资金达 76 亿美元，成为有史以来第一家上市的私募股权公司。
2008 年	彼得·彼得森从黑石集团正式退休。
2008 年底	彼得·彼得森拿出黑石上市所获得的 10 亿美元，成立了彼得·彼得森基金会，宗旨是关注可能危及美国和美国家庭未来的重要挑战。
2010 年	他加入了巴菲特与比尔·盖茨等人发起的"赠予承诺"，承诺将自己至少一半的财富捐给慈善事业。
2018 年 3 月 20 日	彼得·彼得森逝世，享年 91 岁。

彼得·彼得森名言录

1. 我可以用不懈的勤奋达到想要的目标。我能比几乎任何人都做得更多、学得更勤，如果只有这么努力才能成功的话，我会那样做的。

2. 在战斗中，如果和他人共享同样的信仰和目标，你就能收获友谊，那是不同于商业合作关系的友谊，这种友谊更为稳固、更为可靠。

3. 他们认可文明社会的契约，即这是一条双向的马路，有来有往，通过帮助那些时运不济的人，包括那些近在咫尺和远在天边的，他们答谢了这个国家赐予他们的礼物。

4. 很多时候口才决定着成败。

5. 仔细观察，你就会发现，人们在谈论他们喜欢的话题时，动作会格外丰富，声音也会充满激情。

6. 别把名号看得太重，一个公司可以有好几百个这样的头衔，重要的不是当副总裁意味着什么，而是当不上副总裁意味着什么。

7. 谨慎是唯一可靠的方法。

8. 要么改变，要么消亡。

9. 在生命中，相信一些东西与真正将这些信仰付诸实践并非一回事儿，而我选择了后者。

10. 不要单纯依靠数据。做决定时，定性因素，比如动机更重要，特别是当数据库中的数字很可能不正确的时候。

11. 敢于自我探索是一种自信的表现，因为相信自己可以应对任何探索结果。

12.对一个产品生产线的利润状况和竞争能力进行分析是任何一家公司都要做的标准作业程序。

13.我不想给人留下一个骑士横刀跃马、孤身救主的印象。我们需要被看作一个团队，彼此互相帮助，追求共同的目标，而不仅仅是一种个人的奋斗。

14.以眼还眼、以牙还牙的举动往往会带来两败俱伤的结果。

15.如果自负之心能够得到控制，一个顶尖人才的组合也可以产生实实在在的利益。

16.新工作是你今后长时间内生活的重心，而你离开上一份工作的情形恐怕用不了多久就会被淡忘，人们也不想去关注这类事情。匆忙行事往往要坏事。

17.曾有心理医师跟我说，在这个世上，没有人能羞辱得了你，除非你甘愿被人羞辱。

18.芝加哥大学给我的另一个教诲是：人既要往好处想，也要往坏处想。

19.亚当·斯密认为，商业的成功在于把重点放在你比别人做得好的事情上。或者正如他所说的：发挥你的"比较优势"。长久以来，这条建议使我受益匪浅。

20.我始终相信一个机构应该将道德规范放在第一位，从黑石成立的那天起，职业道德和诚信就一直是最重要的。

21.人人都知道，企业非常需要并依赖于精英人才，然而当一些所谓的"精英"出现在人才市场的时候，你需要搞清楚聘用这些人的真正理由。

22.比起培养公司内部的人才，从公司外招募人才的风险要高得多。

23.我们建立第一个收购基金所得出的经验就是：不能对一个回应说"不"。

24.在经济低迷时期，人人都无法置身事外，经济周期几乎影响着每一个行业，一些最佳的收购时期往往出现在周期的低谷。

25.一直以来，我都觉得除了事业，我还可以或者说应当再做些其他事情。此外，我认为一次只做一件事和无所事事一样不可饶恕。

26.当今全球化的步伐令人眩晕，因而在经过全球经济发展的这个雷区时，制定一条明确的路线变得越来越重要。

27.常怀感恩之心是我的驱动力之一。

28.明天比今天更重要。

29.最重要的是投入，并试着采取实际行动。这就意味着尝试改进或改善我认为值得努力的境况，还有尝试改变我认为需要被改变的事情。

30.父母让我知道，忠于自己的原则、自己的内心、自己的道德标准是多么的重要。正因为他们的教导，我才敢对不值得我付出的人说"不"。虽然这几个"不"会带来一些短期损失，但是一般情况下，长期收益最终会出现。

31.不要没有搞清状况就被一个工作机会给诱惑了。你不能仅仅是找一个能发挥你相对优势的工作，你还要考察企业文化的不足之处，因为这些不足像地雷一样潜伏着，随时可能摧毁你的事业。

32.无论我们进行何种具体的调整，最重要的一个基本原则是——如果没有深思熟虑，不会自我剖析或者不知道轻重缓急，在必要时就不会取舍。对于大多数人来说，平衡的生活来之不易。

33.即使是在大萧条时期，也千万不要吝啬你的花费。而在经济景气的时候，也应该节俭再节俭。

34.研究市场动态，分析掌握的信息，制订应对措施，这些都是非常有用的。如果方法正确，它能改变人的行为，影响深远。

35.不要相信太过美好的事物。

36.有时，人们把大量时间花在讨论某一问题上，因而失去了做其他有益事情的机会。

37.要想真正赢得财富、给自己带来满足感，就必须拥有、构建和发展企业。你每日的决策能够积累成企业的精神，渐成气势。你可以亲眼看见自己的一个想法化为有形之物，成为现实的存在。

38. 为摆脱尴尬、焦虑或恐惧而急急忙忙地投入一项新的工作，你反而会无法摆脱过去。你现在的工作无时无刻不受这种情绪的影响。人是要生活和工作在将来的，这一点毫无疑问，所以应该多想想今后的事，而不应为过去烦恼。

39. 我们要为自己的未来负责，为未来投资，为未来、为教育、为晚年储蓄。

40. 别因为它助你一臂之力，才参与这些活动；我的参与源自我的兴趣，兴趣有了，其他的自然就水到渠成。

41. 事先对未来雇主作全面考察，不仅可以带来巨大的红利，还能避免很多风险。

42. 我清楚地认识到真正赚大钱的是那些投资者和企业主，而不是诸如律师、咨询师和金融顾问等靠自己的专业技能、知识和体力按小时或项目收取工资的人。

43. 如果有什么事听起来好得都不像是真的，我都会认为它其实就不是真的。

参考文献

1.彼得·彼得森：《黑石的选择》，浙江人民出版社，2018 年。

2.戴维·凯里、约翰·莫里斯：《资本之王：全球私募之王黑石集团成长史》，中国人民大学出版社，2017 年。

3.亨利·基辛格:《白宫岁月：基辛格回忆录全集》，世界知识出版社，2003 年。

4.苏世民：《苏世民：我的经验与教训》，中信出版社，2020 年。

5.谢辉:《私募之王黑石集团：血流成河时即入场之机》，期货日报，2015 年 1 月。

6.Lynn：《彼得·彼得森——如何造就新的华尔街之王》，外滩画报，2010 年 4 月。

7.佚名:《彼得·彼得森："一胜九败"的黑石创始人》，经济参考网，2011 年 5 月。

8.三禾田君:《独一无二的彼得·乔治·彼得森与独一无二的黑石》，2018 年 3 月。

9.毛炜:《黑石创始人麻省理工辍学生 40 年白宫和华尔街人生》，创业邦，2018 年 2 月。

10.张津京:《谁是黑石？》，地产资管网，2019 年 11 月。

11.杨萌:《"PE 王者"——黑石集团：投资"并不时髦"的产业》，证券日报，2009 年 7 月。